陳寿が記した邪馬台国

生野眞好

海鳥社

はじめに

私が日本の古代史に興味を持ったのは、昭和五十七年七月のことである。早いもので、すでに二十年もの歳月が流れようとしている。

そのきっかけは、高木彬光《あきみつ》氏の『邪馬台国の秘密』を読んだことに始まる。以来、邪馬台国の魅力に取り憑《つ》かれ、仕事の合間をみては、それに関する著書を読み漁《あさ》ったものである。

元々、高校生のときに吉川英治の『三国志』（全三巻）を読んでいて、三国時代に対する若干の知識と興味があったということもあろうが、それにしても『邪馬台国の秘密』は、私に強烈なインパクトを与えた。なぜなら、それまでは邪馬台国や卑弥呼に関する知識などほとんどなかったし、中国の「三国時代」と日本の「邪馬台国時代」が同時代というイメージすら持ち合わせていなかったからである。日本人でありながら、あまりにも日本の歴史に疎《うと》かった。現在までの約二十年間にわたり、その基本的知識の習得に努めたのはそれ以来のことである。

そして今、邪馬台国論争のほぼ全容と、正史『三国志』の素晴らしさを知った。

そこで、平成十一年五月、私はそれまでの研究成果を発表するために、『「倭人伝」を読む――消えた点と線』（海鳥社）を出版した。そこでは「邪馬台国がどこにあったのか」ということよりも、作者・陳寿が「倭人伝」でいったい何を書こうとしていたのか、その真意を探ることに注力したつもりである。

陳寿が「倭人伝」に記した邪馬台国への行路を、ただ主観に頼って辿るだけでは、従来と同じ袋小路に迷い込んでしまう。真に「倭人伝が読める」のは陳寿本人しかいない。これまでの研究で、やっとそのことに気付いた。「倭人伝」は、「陳寿の目」で読まなければならなかったのだ。彼の主張に真摯《しんし》に耳を傾けなければ、真実は見えてこなかったのである。

なぜ、今もって邪馬台国論争は決着しないのか。その原因は、作者の真意を十分に考証（史料批判）することなく、互いの主観を戦わせてきた従来の論争そのものにあったのではないか。私は、そう実感しているし、今もその考えに変わりはない。

私は本書でも、できるだけ作者の視点に立って「倭人伝を読んだ」つもりである。先の拙書では、あえて邪馬台国の場所を「特定」しなかった。当時はまだ、それを「特定」するだけの論拠を見出せずにいたからである。そこで、とりあえず二カ所（那珂川町と糸島）の有力候補地をあげるにとどめていた。しかし、今は、ついにその実体をしっかりと捉えることができたと確信している。

本書では、あえて邪馬台国の所在地を「特定」することに主眼を置いた。はたして読者は、私の「新・邪馬台国論」に共感いただけるのかどうか。それは知る由もないが、私自身は、本書が今後の邪馬台国所在地論の新たなる「たたき台」になり得るものと確信している。

二〇〇一年六月

生野眞好

陳寿が記した邪馬台国◉目次

序　邪馬台国を論じる前に

邪馬台国論争は、なぜ決着しないのであろうか。それは、『三国志』「魏書」東夷伝の倭人伝（以下「倭人伝」）の解釈を巡って、さまざまな意見が出され、近畿説と九州説が対立しているからである。

また、近畿説の場合は、「近畿大和」に邪馬台国はあったということで研究者の意見がほぼ一致しているのに対して、九州説の場合は各自各様の意見があり、見解が統一されていない。しかも、九州説では、文献と考古が一致しないという大きな弱点を抱えている。研究者がそれぞれ「邪馬台国はここだ」といっても、そこからほとんど何も出てこないのである。将来発掘されるであろうといわれても、いわれた方は困ってしまう。

一方の近畿説にしても、文献と考古が一致するという強みはあっても、「倭人伝」の解釈には相当無理があるし、また、古墳などの時代編年においてもまだまだ考慮されるべき問題が多くあるように思われる。

いずれにしても、双方ともそれぞれの立場から見解を述べ、互いに相譲らず現在に至っている次第である。そして、この論争そのものが、邪馬台国問題を難しくしてしまっているという側面もある。これは日本の古代を知る上で、大変残念なことである。

そろそろ、この現状から脱却しないと、ますますこの問題は混迷するのではないかと、私は危惧する。

問題はどこにあるのか。私が客観的視点に立って観た場合、「まず近畿ありき」、「まず九州ありき」という自分の立場からの見解が多すぎるように思える。研究者個々の考えが強調され過ぎて、肝心の作者（陳寿）の主張が見過ごされているように思えてならない。

ところがその一方で、彼らはそうした立場を超えて、多くの「定説」を共有している。

たとえば、「狗邪韓国＝釜山や金海」、「伊都国＝前原」、「不弥国＝宇美」などなど。このような「定説」を踏まえて、それぞれが独自の見解を展開するのである。

しかし、「定説」とは「絶対説」という意味ではない。あくまでも、その時々の学界の総意という意味で、必ずしも正しいとは限らない。過去において「定説」が覆された例は、枚挙にいとまがない。

今、邪馬台国問題においても、この「定説」を一から見直す時期にきたのではなかろうか。「定説」は、言い換えれば「先入観・思い込み」にも通じるものである。つい、それを前提に考えてしまうからだ。

なぜ、私がそう考えるのか。じつは、従来の定説にいくつかの誤りがあることが分かってきたからである。

たとえば、そのよい例をひとつあげてみよう。次の一文は、「韓伝」（弁・辰の条）の鉄に関する記述である。

国、鉄を出す。韓・濊・倭《わい》、皆従《したが》いて之を取る。諸市に買《あがな》うに皆鉄を用う。中国の銭を用うるが如し。又、以て二郡（楽浪・帯方）に供給す。

これは、三世紀頃の日韓の鉄文化を考えるとき、よく引用される個所である。考古学も文献学も皆、右の文を参考にして当時の鉄文化を推し量ることが多く、大変有名な文のひとつである。

問題は、ここの「従」という字の読み方にある。

ふつう、この「従」は、「したがいて」と読まれて疑われず、ほぼ定説となっている。そして、この読み方を前提にして、当時の鉄文化が語られ、日韓相互の文化程度が推量されているのである。

しかし、この「したがう」という読み方は、漢文の構成上からみて不自然であり、多くの研究者も疑問をもっている。それは、ここには「従った」対象者が書かれていないからである。韓地において鉄を取るのに、韓人までがいったい誰に従うというのであろうか。しかも、ここでは「韓・濊・倭、皆」とあるので、この三国は同格扱いになっている。

そこで、後に「二郡に供給す」という記述があることから、おそらくこの二郡（楽浪郡・帯方郡）の監視下でこの三国は鉄を取っていたのであろうと考えられてきたのだ。

たしかに、当時、濊は楽浪に属していたし、韓と倭は帯方に属していた。したがって、少々おかしな読み方ではあっても、今日までこの読み方が支持されてきたのである。

しかし、私は、この字を「したがって」と読むのは、どうも納得できない。これでは文意がよく通じないし、漢文の構成としてもやはり不自然である。

さらに、「又、以て二郡に供給す」も、取った鉄の用途の一つを説明しているにすぎないように思われる。供給は需要に対応する言葉で、ふつう供給には対価をともなう。一方的に提供する場合は、ただ「供す」と書いているようにみえる。たとえば、「夫余伝」を見てみよう。

正始中、幽州刺史・毌丘倹《かんきゅうけん》、（高）句麗を討つに、玄菟太守・王頎《きん》を遣わし、夫余に詣らしむ。（夫余王）位居、大加を遣わして郊迎し、軍糧を供す。

ここでは、供給ではなく、夫余からの一方的提供だったので「供す」としている。ここの供給の意味は、もう少し検証する必要があるのではなかろうか。

ところが、そういう中にあって平野邦雄氏（東京女子大学教授）がおもしろい読み方を提出した。氏によると、「従」は「したがって」ではなく、「あらそって」と読むべきであるという。どうしてそう読めるのかはよく分からないが、そう読めば文意が通じるというのである。

たしかに、そう読めば「韓・濊・倭、皆、争って之を取る」となって意味はよく通じることになる。しかし、この「従」という字にそのような字義はない。つまり、まったく根拠がない読み方なのだ。

これは「文献学の方法」以前の問題であって、もし、このようなことが許されるなら、すべてどうとでも読むことが可能となり、収拾がつかなくなる。

そこで私は原点にかえって、漢和辞典でもう一度よく調べてみた。すると、何とそこにはまったく違う意味がきちんと書かれているではないか。

【従】

①したがう

※②ほしいまま。きまま。「従覧《しょうらん》（自由に見る）」「放従《ほうしょう》（自由に行動する）」

③はなつ。ほしいままにさせる。

④まかせる。ゆるす。「従遣」

⑤たて（縦）。　など

（『漢語林』改訂版・大修館書店）

ここには、はっきりと「ほしいまま・きまま」の意とある。元々「縦」には、「ほしいまま・きまま」の意味があり、その「縦」は「従」と相通じていたのだ。

そういえば、「呉書」（孫権伝）には、魏の文帝が孫権に、「君、本《もと》より従横の志《こころざし》有り」といったという記述があるし、「蜀書」（郤正《げきせい》伝）には、「嬴《えい》氏（始皇帝の姓）、惨虐。八区（中国）を呑嚼《どんしゃく》す。是に於いて、従横に雲を起こし、狙詐（だます）すること星の如く、云々」とある。

このように『三国志』では、「おもいのままに」という意味の「縦横」を、「従横」とも表記している。また、「合縦」(戦国時代の六国同盟の意)を「合従」とも書いていて、「縦」と「従」が同義だったことが分かる。

そうすると前文の「従」は、ふつうに読んでも「ほしいままに(自由に)」と読めることになる。

> 国、鉄を出す。韓・濊・倭、皆従《ほしいまま》に之を取る。諸市に買うに皆鉄を用う。中国の銭を用うるが如し。又、以て二郡にも供給す。

こう読むと文意がよく通じるし、従来とまったく違った意味があったことになる。何のことはない、韓と濊と倭の三国は、韓地でそれぞれ「自由に」鉄を取っていたのである。二郡の厳しい監視などはなく、むしろ自由に取った鉄をそれぞれ自国に持ち帰って製鉄し、それを国内や二郡に供給したり、諸市において物を買うのに、まるで中国の銭のように使っていたのである。

楽浪郡と帯方郡のあった場所からは、今のところ製鉄遺跡は発見されていない。あるのは、鍛冶工房跡である。ということは、この二郡に供給された鉄は、製品だった可能性が高い。

一方、日本列島内にも、現在のところ六世紀後半以前の製鉄遺跡は発見されていない。それにしては、北部九州を中心に多くの鉄器類が出土している。従来、それは中国や韓国などから製鉄した製品(鉄鋌など)を輸入していたためと考えられてきた。

しかし、先の一文から、倭人も「ほしいまま」に鉄を取っていたということになれば、当然、自国で製鉄していたということになりはしないだろうか。それがもっとも自然な考え方である。今後、日本国内で三世紀当時の製鉄遺跡が発見される可能性もあると思うが、現状ではまだ発見されていない。

もし当時の日本列島内に製鉄遺跡がないということになれば、韓地でほしいままに取っていた鉄を、いったいどこで製鉄し、列島内に持ち込んだというのであろうか。

じつは、朝鮮半島南部にはいくつか製鉄遺跡（城山《そんさん》遺跡など）がある。私は、拙書『「倭人伝」を読む』で、三世紀当時、半島の南岸域には広く倭人の領域（狗邪韓国）があったと主張してきた。それが正しければ話のつじつまが合ってくる。

つまり、当時朝鮮半島の南岸部を領有していた倭人たちは、弁辰韓の地で濊人や韓人などと共に、鉄鉱石をほしいままに取り、南岸部の自国の製鉄所に持ち帰り、製鉄していたのではなかろうか。城山遺跡からは、鉄鋌（薄い鉄板）や中国の貨幣などが出土している。これなどは、倭人が当地で製鉄したものを中国の二郡に供給していた結果とも思える。

この件については、本論中の「倭人も製鉄していた」の項（四八頁参照）で今少し触れたい。

いずれにしても、従来この個所は、二郡の厳しい監視下のもとに、韓・濊・倭の三国の人たちが鉄を取り、彼ら自体は鉄を自由にできなかったと解釈され、それが定説となっていた。しかし、その考えは、ここに大きく変更を余儀なくされるはずである。少なくとも、今後は、「従《したが》って」を「定説」として読みつづけることはできなくなったと思う。あえてそう読むのであれば、私の「ほしいままに」という読み方を批判した上でなければならない。

私の場合は、「ほしいまま・きまま」という読みが「言葉の定義」にあることをその根拠としている。平野氏のように、思い付きのまま「あらそって」と読んだわけではない。したがって、ほとんど反論の余地はないように思えるが、いかがであろうか。

このことの意味の重大さは、専門家であればあるほど強く感じているはずである。長きにわたる先入観から、誰もこの「従」の字義すら検証していなかったのだ。言うのも恥ずかしいが、これが日韓の歴史の定説を覆す「(珍)大発見」となることは間違いない。

このように、定説の中には、ほとんど無検証(怠慢)の上に成り立っているものまである。その上で当時の文化を語るのであるから、その資質(定説の)を疑いたくなるという私の思いも少しは理解いただけるのではなかろうか。

やはり、「おかしい」と思ったら、素直に辞書を引くべきである(尚、これについては、「九州古代史の会」の会報誌〈"NEWS" 94〉にその要旨が掲載された)。

現在までの「邪馬台国論争」の欠陥は、問題の所在がどこにあるのか、それが把握できていないところにあると思う。少々、的はずれな論争に終始しているように私には思えるのだ。

『三国志』は大変奥の深い書物である。通り一遍の読み方では、とても作者陳寿には太刀打ちできない。もう一度、陳寿の視点に立って『三国志』を読み直す必要があると考える。そうすれば、現在の「定説」の多くが絶対説でなかったことにも気付くはずである。

さて、それではいよいよ本題に入ることにしよう。

「倭人伝」は読める

問題解決の糸口は「序文」にある

陳寿は、『三国志』の外夷伝で、なぜか、北狄《ほくてき》（烏丸《うがん》・鮮卑《せんぴ》）と東夷《とうい》（七カ国）のことしか書いていない。この点、あまり議論されないが、じつは、ここに邪馬台国を考える上でもっとも大きな問題が潜んでいると私は考える。

陳寿はその理由を、烏丸・鮮卑伝（以降、北狄伝）と東夷伝の序文で述べている。

この件については、拙書『「倭人伝」を読む』で詳述しているが、「倭人伝」の謎を解くには、その意味を十分に理解しておく必要があるので、ここでもその要旨を説明しておきたい。

なぜ、北狄と東夷だけを書くのか

中国の四方の辺境は、異民族の国々と接しているが、その北を北狄、南を南蛮《なんばん》、東を東夷、西を西戎《せいじゅう》と呼ぶ。また、それらを総称して四夷《しい》という。

ところが陳寿は、なぜか四夷の中で北狄と東夷だけしか書いていない。まず、これがおかしい

のだ。しかも、地理志ではなく、「魏書」の列伝でそれを取り扱っている。

その理由を、北狄伝と東夷伝の序文で明確にしているので、その要点のみ紹介しておこう（尚、「志」を立てなかった理由については、別項で述べる）。

一、北狄を書き、南蛮を書かなかった理由（北狄伝の序文より抜粋）

イ　久しいかな、其の中国の患《わずら》いを為すや。秦・漢以来、匈奴久しく辺害を為す。

ロ　然るに、烏丸と鮮卑、稍《ようや》く更に強盛す。亦、漢末の乱に因りて、中国、外討に遑《いとま》あらず。故に、漢南の地は、擅《ほしいまま》にするを得るも、城邑を冠暴《こうぼう》し、人民を殺略し、北辺は、仍《なお》其の困《くる》しみを受く。

ハ　漢南、事（事件）少なく、時に頗《すこぶ》る鈔盗（略奪）すると雖《いえど》も、復《また》、相扇動するを能《あた》わず。

ここでは、匈奴や烏丸・鮮卑といった北方民族の脅威について述べている。その北の脅威は、陳寿が『三国志』編纂時点においても続いていた。

一方、南方は、北とは対照的に漢代以降三世紀に至るまで、ほとんど防衛上の問題がなかった。だから、南蛮のことを書かないのである。

○北方の脅威　①久しいかな、其の中国の患いを為すや。匈奴、久しく辺害を為す。
②（烏丸・鮮卑は）城邑を冠暴し、人民を殺略し、北辺は、仍其の困しみを受

く。

○南方は安泰　①漢南の地は、擅にするを得……。

②漢南、事少なく、時に頗る鈔盗すると雖も、復、相扇動するを能わず。

このように、当時の中国人の北と南の異民族に対する認識が明確に述べられている。そして陳寿は、その序文の最後をつぎのように締めくくった。

故《ゆえ》に、漢末・魏初以来を挙《あ》げ、以て、四夷（ここでは北狄と東夷を指す）の変（反乱・侵略）に備えんと云《い》う。

ここで陳寿は、その目的が「四夷の反乱、侵略から中国を守るためだ」と明記している。

さて、ここで考えなければならないのは、「魏書」の列伝である北狄伝と東夷伝に、特に「序文」を書いていることの意味である。全体の序文を書いていないのに、ここに「序文」を書いた。それから考えても、当然、北狄伝と東夷伝が特別な意図をもって書かれていることは間違いない。その特別な意図とは、「変に備えるため」、つまり「防衛」のためである。したがって、北狄伝と東夷伝は、「防衛白書」ともいえるのである。

そこで陳寿は、まず北の脅威、「烏丸・鮮卑」のことから記したのだ。

その北狄伝を記したあと、いよいよ問題の東夷伝を撰述する。そして、そこにもまた、特に

「序文」が書かれていたのだ。

その東夷伝も、先の「四夷の変に備えん」を受けているので、当然、ここも防衛上の観点から書かれていることになる。

二、東夷を書き、西戎を書かなかった理由（東夷伝の序文より抜粋）

イ　漢氏の張騫《ちょうけん》を遣わし、西域に使いするに及び、河源を窮《きわ》め、諸国を経歴し、遂に都護（西域の役所）を置き、以て、之を総領す。然《しか》る後、西域の事、具《つぶさ》に存す。

ロ　魏興り、西域に至り尽くす能わざると雖《いえど》も、其の大国、亀茲・于寘・康居・烏孫・疎勒・月氏・鄯善・車師の属、朝貢を奉ぜぬ年は無し。ほぼ、漢氏の故事の如し。

ハ　而《しか》るに、公孫淵、父祖三世に仍《よ》り、遼東を有す。天子、其の絶域の為、委ぬるに、海外の事を以てすも、遂に、東夷を隔断し、諸夏に通ずるを得ざらしむ。景初中、大いに師旅を興し、淵を誅す。又、潜《ひそ》かに軍を海に浮かべ、楽浪・帯方の郡を収む。而る後、海表謐然《ひつぜん》とし、東夷屈服す。

ニ　其の後、高句麗、背叛《はいはん》す。又、偏師を遣わし、討つに到るに、極遠に窮追す。烏丸・骨都を踰《こ》え、沃沮《よくそ》を過ぎ、粛慎《しゅくしん》の庭を践《ふ》み、東、大海を臨む。

ここでも、西戎と東夷のことが対照的に述べられている。

○西方は安泰　①遂に、（西域）都護を置き、之を総領（支配）す。
②西域の事、具《つぶさ》に存す。
③（西域諸国）朝貢を奉ぜぬ年は無し。

○東方の情勢　①而るに、公孫淵、父祖三世に仍り、遼東を有す。
②（公孫淵）東夷を隔断し、諸夏（中国）に通ずるを得ざらしむ。
③其の後、高句麗、背叛す。

このように、ここでも西域諸国については、その防衛上当面の問題はないと述べている。しかし、東夷については、「而《しか》るに」と書き起こすのをみても分かるように、問題があった。後漢末から三国時代にかけて、しばしば反乱があったし、また、粛慎《しゅくしん》（挹婁）や倭などのように、三国時代になってようやくその事情に通じた国々もあった。

元々、東夷諸国（挹婁と倭人以外）の事情については、前漢の武帝の征討以来、ほとんど直轄地のような経営をしていたのでよく知られていた。ところが、後漢末になると、遼東郡の公孫氏が遼東郡・玄菟《げんと》郡・楽浪郡を私物化してしまい、東夷の支配権をも独占してしまった。そのために、中国（魏）は、司馬懿《い》仲達の遼東征伐（二三八年）による遼東奪回までの約五十年間、東夷との通行がまったく途絶えていたのだ。当然、それ以前とは、事情が変化していた。また、遼東征伐以降、それまでほとんど未知の国であった挹婁と倭人の国とも通行することができ、ようやくその国の事情にも通じることになった。

そこで、あえて東夷伝を書き起こすといっているのである。そして、「序文」の最後に東夷伝編纂の目的を次のように述べた。

故に、其の国を撰次し、其の同異を列し、以て、前史の未だ備えざる所に接せしむ。

この一文の解明こそが、邪馬台国問題における最大のポイントであり、ここにその謎を解く鍵が隠されている。

そして、ここにも「備え」という文字が使用されていた。これも東夷伝が北狄伝と同様に、「防衛のため」に記されていたことを明白に示すものである。

問題は、ここの「備えざる所に接せしむ」の意味だ。これを今までは、「陳寿は、前史（『史記』や『漢書』）にも書かれていなかった東夷諸国の事情を、ようやく今、自分が記すことができたといっているのだ」という程度に理解されてきた。

ここに大きな間違いがあったと思う。そうではなくて、陳寿が北狄伝と東夷伝を記すのは、防衛上の必要によるのであって、そのいずれもが「備えのため（防衛白書）」だったのである。

東夷伝を読むとき、この認識がもっとも重要であるし、これが理解できなければ、まず「倭人伝を読む」ことができない。

「備えある所」と「備わざる所」

さて、その防衛上でもっとも大切なこととは、いったい何であろうか。防衛とは、国土（領土）を守ることであるから、当然、その基本は国境守備にある。

陳寿も序文でいっているように、中国は昔から北の脅威を受け続けてきた。そこで、秦の始皇帝や漢の武帝らは、北の脅威に対する備えとして、あの壮大な「万里の長城」を建造したのである。それは北の国境の代名詞ともなった。まさに、目に見える国境線、そして、堅固な防御線（砦・塞）でもあった。

陳寿は、その北狄伝では国境を記さなかった。その理由は、北の国境線「万里の長城」の存在を当時の誰もがよく知っていたからである。当時の中国人で、万里の長城を知らない人はまずいなかった。そして、万里の長城（塞）のあった北の国境は、いわば「備えある所」だったのだ。

しかし、その万里の長城は、遼東郡治の襄平（現在の遼陽市）を最東端とし、それより以東には、当時、長城は建造されていなかった。したがって、東夷諸国との国境には万里の長城がなく、そこはまさしく「備わざる所」だったといえるのである。

秦の始皇帝のとき、将軍蒙恬《もうてん》が長城を遼東まで作り、遂に完成させた。このことは、『三国志』（「韓伝」）の裴松之《はいしょうし》注に「魏略に曰く、……、秦、天下を并せるに及び、蒙恬をして、長城を築かしめ、遼東に到らしむ」とあることでも分かる（図1参照）。

そういう当時の常識を背景とした上で、陳寿が「備えざる所に接せしむ」というのであるから、当然、その意味は、「備え（長城）のない国境と接した」、つまり、「国境を書くことができた」と理解すべきであろう。

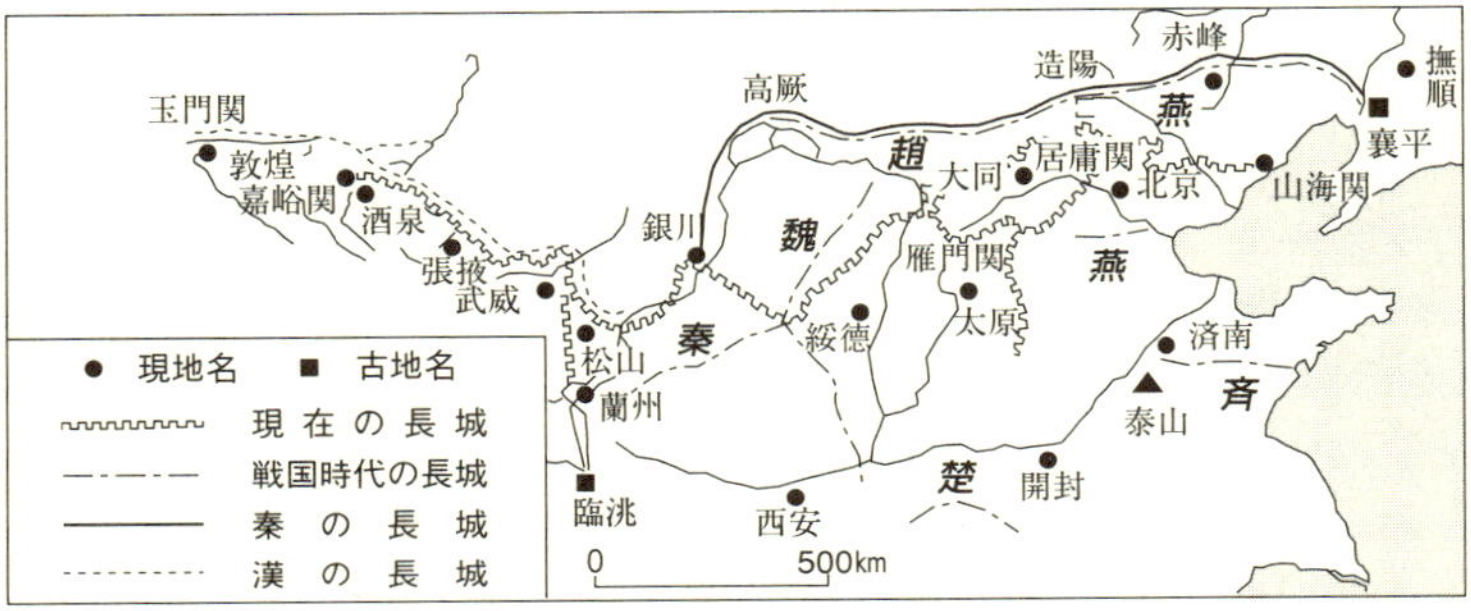

図１：万里の長城（『大日本百科事典・ジャポニカ』）

さらに、ここの「接」の用字は、国境表現としてもっとも的確である。事実、陳寿は、以降の東夷の国境を「南、高句麗と接す」や「北、沃沮と接す」などと、「接」の字で記している。『漢書』（西域伝）でも、国境は「〇〇国と接す」などと記している。当然、これは「〇〇国の国境と接す」の意味である。この「接」の用字からみても、陳寿の東夷伝が、国境を第一義に記されていることが分かる。

以上のように、北狄伝と東夷伝の序文には、作者の編纂目的が明確に示されていた。序文を雑念なく読むなら、陳寿が中国防衛のために、北狄と東夷を特に記していることは明白なのである。そして、東夷伝は「国境」を第一義に記されている。この意味が分かれば、「倭人伝」は、半分以上読めたも同然である。

また、この認識によって東夷伝を読むとき、陳寿がその国境の記述において、きちんとしたルールに基づいて記していることも分かってくる。以下、それについて述べる。

国境の記述にみえる規則性

さて、ここまでは、陳寿の北狄伝と東夷伝編纂の目的（真意）について述べてきた。陳寿が東夷伝を編纂するのは、東夷諸国の国境を明確にすることを第一義としていた。この認識の上に立って、最初の「夫余伝」から最後の「倭人伝」までよく読んでみると、重大な事実（筆法）が見えてくる。

特に大事なことは、東夷各伝（七カ国）のすべてにおいて、「国境から書き始めている」ということだ。ここから、陳寿が、序文の「備えざる所に接せしむ」という言葉を実践していることが分かる。まずは、それを確認しておこう。

東夷七か国の冒頭記事

①「夫余伝」
夫余は、長城の北に在り。玄菟を去る千里。南は高句麗、東は挹婁、西は鮮卑と接す。北に弱水（松花江）有り。方二千里可り（面積）。戸八万（世帯数）。

②「高句麗《こうくり》伝」
高句麗は、遼東の東、千里に在り。南は朝鮮・濊貊《わいはく》、東は沃沮《よくそ》、北は夫余と接す。丸都の下に都す。方二千里可り（面積）。戸三万（世帯数）。

③「沃沮《よくそ》伝」

東沃沮は、高句麗の蓋馬大山《がいばたいざん》の東に在り。大海に浜《そ》うて居す。其の地形、東北狭く、西南に長く、千里可り。北は挹婁・夫余、南は濊貊と接す。戸五千（世帯数）。（面積の記載なし）

④「挹婁《ゆうろう》伝」

挹婁は、夫余の東北、千余里に在り。大海に浜う。南は北沃沮と接す。其の北は、未だ極まる所を知らず。（面積・世帯数の記載なし）

⑤「濊貊伝」

濊は、南は辰韓、北は高句麗・沃沮と接す。東は大海を窮《きわ》む。今、朝鮮の東、皆、其の地なり。戸二万（世帯数）。（面積の記載なし）

⑥「韓　伝」

韓は、帯方の南に在り。東西は海を以て限りと為し、南は倭と接す。方四千里可り（面積）。三種有り。一を馬韓と曰い、二を辰韓と曰い、三を弁韓と曰う。……、馬韓は西に在り。……、山海の間に散在す。……、大国は万余家、小国は数千家、総じて十余万戸（馬韓の総世帯数）。

辰韓は、馬韓の東に在り。……、弁・辰韓、合わせて二十四国。大国は四－五千家、小国は六－七百家、総じて四－五万戸（弁・辰韓の総世帯数）。……、其の瀆盧《とくろ》国、倭と界《さかい》を接す。

⑦「倭人伝」

倭人は、帯方の東南大海の中に在り。山島に依りて国邑を為す。……、郡より倭に至るには、海岸に循《したが》い水行し、韓国を歴《ふ》るに、乍《たちま》ち南し、乍ち東し、其の北岸、狗邪韓国に到る、七千余里。始めて一海を度《わた》る、千余里、対海国に至る。（総面積・総世帯数の記載なし）

このように、序文の最後を「未だ備えざる所に接せしむ」と締めくくった後、すべて東夷諸国の国境から書き起こしているのであるから、やはり、国境の記述を第一義にしていると考えざるを得ない。

また、司馬遷の『史記』や班固の『漢書』、あるいは、魏徴らの『隋書』には、中国（天子）が夷蛮の国を支配する上で、知っておくべき必須項目があるといっている。

それは、山川の夷険（地形）、境界（国境）、道里（距離）、区域の広さ（面積）、時俗の異（言語や風俗など）、戸口の数（世帯数・人口）などであるという。

しかし、東夷伝には、必須項目であるはずの面積や世帯数が書かれていない国が散見される。たとえば、面積の記載のないのが、沃沮・挹婁・濊・倭の国々、そして世帯数については、挹婁と倭にその記載がない。

これでは、前史にもなかった必須項目のすべてを「備えた」とはいえないのではなかろうか。なぜ、面積や人口が書かれなかった国があるのか。

その理由は、挹婁や倭人の国の場合ははっきりしている。

○其の北、未だ極まる所を知らず　　（「挹婁伝」）

○其の余の旁国、遠絶にして、詳らかにするを得ず　（「倭人伝」）

このように、挹婁や倭人の国については、陳寿の時代にも、まだよく分からないことがあった。東夷の中でもっとも未知なる国だったこの二カ国については、まだまだ十分な情報は、当時も得られていなかったのである。しかし、それを無理に推測してまで書いてはいない。

ただ、沃沮や濊の面積を、なぜ書かないのかがよく分からないが、おそらく、それらの国の面積に関する情報がすでにあって、当時よく知られていたためであろう。この二カ国は、漢の武帝のときには中国が直轄していた所なので、多分、面積に関する情報はすでにあったものと思われる。たとえば「沃沮伝」には、「（沃沮は）国小さく、大国の間に迫《せば》まり、遂に（高）句麗《くり》に臣属す」とか「（沃沮城は）今の所謂玄菟《いわゆるげんと》の故府是なり」などの記録があるので、この国についてはかなり詳細な情報がすでにあって、およそ面積については知られていたと思われる。

いずれにしろ、陳寿が東夷七カ国のすべてを国境から書き始めるのは、ただの偶然とは思えず、やはり、それは意図して書いていると考えるべきである。

そして、その書き方の中にいくつもの規則性を見せている。それを整理してみた。

東夷伝の記述の規則性

一、東夷七カ国の冒頭、すべて国境から書いている（「倭人伝」だけ、前置きがある）。
二、最初の「夫余伝」を、国境の象徴である万里の長城から書き始めている。

「夫余は長城の北に在り」

これも、陳寿の東夷伝編纂の目的が、「備わざる国境」の記述にあったということを推察させるに十分なものである。

三、東夷諸国すべての国境が、中国側の視点から描かれている（図2参照）。

四、まず国と国の位置関係を述べたあと、必ず国境地点を具体的に示している。

【位置関係の記述】	【実際の位置関係】	【具体的国境線・地点】
○夫余は、長城の北に在り。	遼東と夫余は南北関係	玄菟を去る千里。
○高句麗は、遼東の東	遼東と高句麗は東西関係	遼東の東千里に在り。
○（高句麗の）東、沃沮と接す。	高句麗と沃沮は東西関係	東沃沮は高句麗の蓋馬大山の東に在り。 西南に長く千里可り。
○（沃沮の）北は、挹婁と接す。	沃沮と挹婁は南北関係	沃沮を過ぎる千有余里。
○夫余の東、挹婁と接す。	夫余と挹婁は東西関係	夫余の東北千余里に在り。
○今、朝鮮（楽浪郡）の東、皆、其の（濊）地なり。	楽浪郡と濊は東西関係	単単大山嶺より以西は、楽浪に属す。
○韓は、帯方の南に在り。	韓と帯方郡は南北関係	崎離営（砦）か。
○（韓は）南、倭と接す。	韓と倭は南北関係	其の瀆盧国、倭と界を接す。
◎倭人は、帯方の東南大海の中に在り。	帯方と倭は東南・西北関係	郡より倭（の国境）に至るには、七千余里。

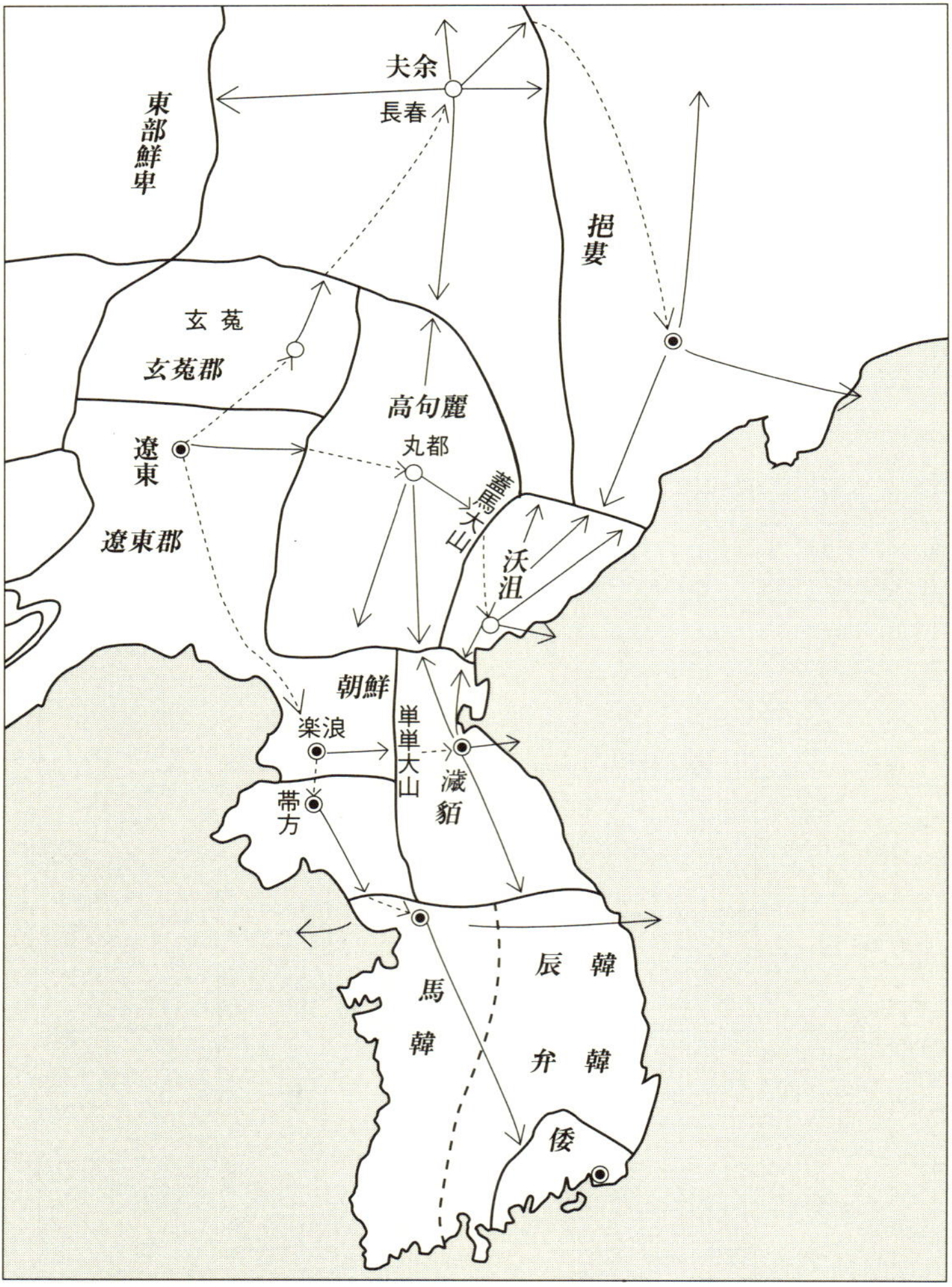

図２：東夷諸国の国境は中国側の視点から描かれている

このように、全体の位置関係を示したあと、必ず国境地点を具体的に述べている。

五、周知の二定点間の道里が省略されている。たとえば、遼東（襄平）から沃沮城までの距離は、漢代からよく知られていたので一々書いていない。沃沮城は、漢の武帝のときには玄菟郡が設置されていた場所であり、陳寿も「今の所謂《いわゆる》玄菟の故府是なり」と説明している。あるいは、夫余の都もよく知られていた場所なので、遼東や玄菟から夫余の都までの距離が書かれていない。また、濊の都・不耐城も漢のとき、東部都尉が置かれ、中国の直轄地だった所である。したがって、楽浪からの距離を省略している。

このように、周知の二定点間の距離については、当然のように省略することを承知しておく必要がある。

六、東夷伝に記された道里は、原則として「中心から国境、〈空白〉、中心から国境」の順に記されている。このとき、国境から中心までの道里が省略されることになる（図3参照）。

七、東夷伝の道里は、短里（一里＝約七七メートル）によっている。したがって、千里は約七七キロ、五千里は約三八五キロ、一万二千里は約九二四キロ、となる。

ただし、最近の私自身の検証によって、『三国志』には、ある理由から長里と短里が併用されていることが分かってきた。これは大変重要な問題であるので、後に「長里と短里」の章（一三一頁参照）で改めて取り上げたい。

八、国境は、その起点となる中心地から、「方向、距離」の順に記されている。

【国境記述法】＝中心地＋方向＋距離の順

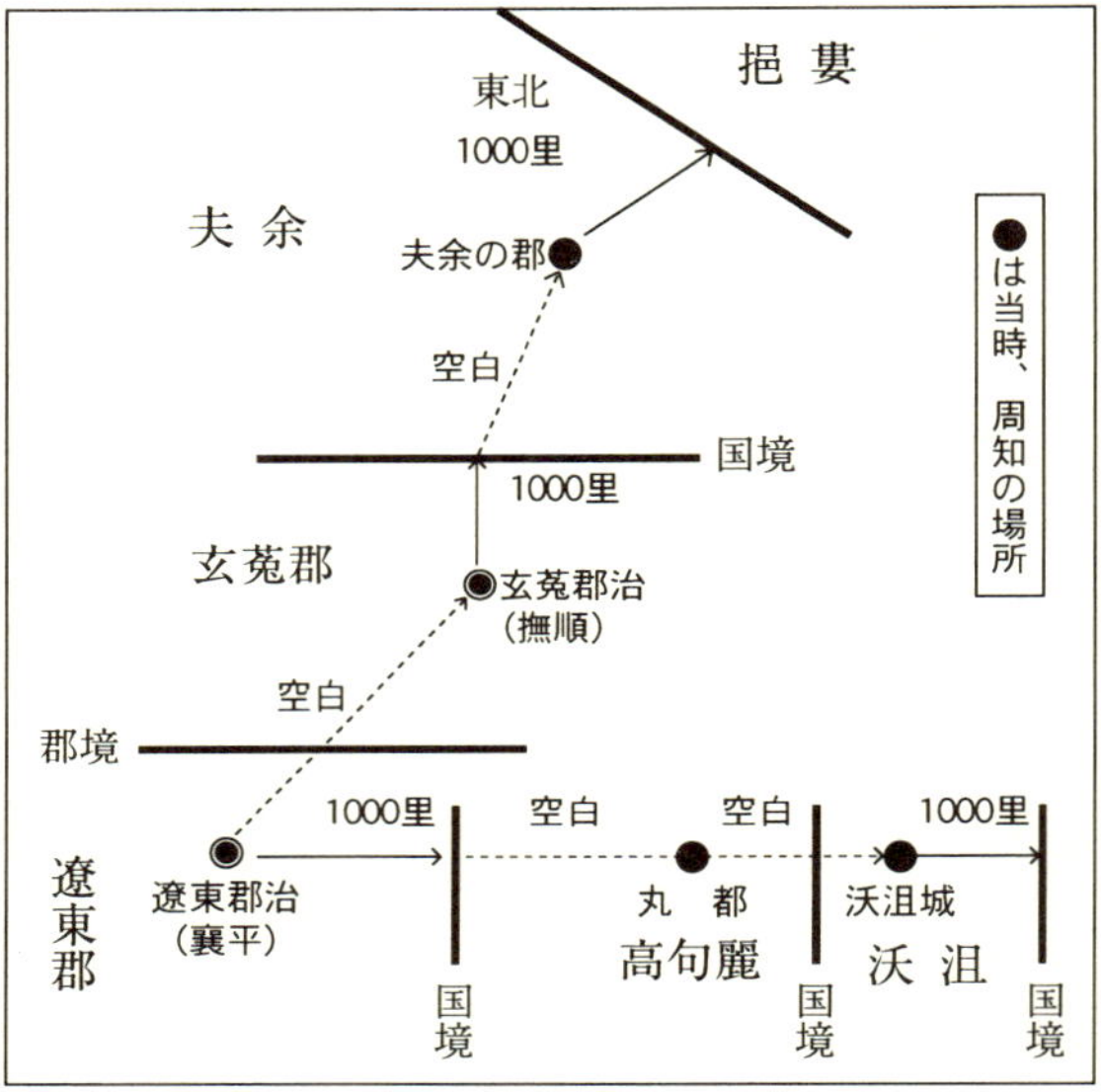

図３：中心〜境界・空白・中心〜境界

私はこれを「国境記述法」と名付けたが、この点についても項を改めて詳述する（六〇頁参照）。

東夷伝の国境は、基本的に以上の八つの規則（記述法）に従って書かれている。

このように、陳寿は、東夷伝をただ適当に書くのではなく、きちんと自身のルールに基づいて記していたのである。これだけ明確に記述上の規則性や筆法が見えてくると、これは偶然ではすまされなくなる。

そこで次は、その「倭人伝」を読む上で、さらに重要な意味をもつ「韓伝」の解明に入ることにしよう。

「韓伝」を読み解く

狗邪韓国は倭の一国

韓は、帯方の南に在り。東西は、海を以て限りと為し、南、倭と接す。（「韓伝」）

右は「韓伝」冒頭の記述であるが、この一文は、「倭人伝」を理解する上で大変重要なものである。

ここでは、朝鮮半島の東西は海で区切られていると記し、現代の私たちがよく知っている半島の地形を的確に表現している。しかし、同じように海で区切られているはずの南岸については、海ではなく「倭と接す」としているのだ。

これでは、どうみても朝鮮半島の南岸域に倭があったとしか読めない。

ところが、一部の研究者は、朝鮮半島内に倭の国などあるはずがなく、仮にあったとしても、それは「倭人伝」に出てくる狗邪韓国のことで、釜山や金海程度の小国にすぎないと解釈する。

しかし、それではこの一文の意味が通じなくなる。

魏使は、倭人の国を訪問している。しかも、「倭人伝」によると、魏使一行は、朝鮮半島の海岸線を船でやって来たと書いている。当然、彼らは、半島南岸域の地形の情報は十分得ていたと思われる。その上で「南、倭と接す」というのであるから、素直にそう受け止めてよいのではなかろうか。先入観から、いたずらに否定するだけでは問題は解決しない。「韓伝」までの陳寿の書き方をみると、虚偽・誤解があったとはとても思えない。

私は、当時の朝鮮半島の南岸域には、「南、倭（の国境）と接す」といえるだけの広い領域にわたる倭の国が存在していたと確信している。

この点については、范曄《はんよう》撰の『後漢書』（「韓伝」）には、次のように記されている。

韓には、三種有り。一を馬韓と曰《い》い、二を辰韓と曰い、三を弁辰と曰う。
馬韓は、西に在り。五十四国有り。其の北は、楽浪と、南は、倭と接す。
辰韓は、東に在り。十有二国（十二国）有り。其の北は、濊貊《わいはく》と接す。
弁辰は、辰韓の南に在り。亦、十有二国。其の南は、亦、倭と接す。

范曄は、後漢の時代の朝鮮半島における韓国と倭国の位置を右のように説明しているが、これを地図上に表すと概ね図4のようになる。

范曄は、馬韓と弁辰の南に「倭」があったといっている。『後漢書』（「東夷伝」）の信憑性の問題もあるので軽々しくはいえないが、范曄は、陳寿の『三国志』を熟知した上で、彼なりの判断を下しているので、ここの記述も一応信頼に足ると考えておかなければならない。

もし范曄が後漢代の朝鮮半島の真の姿を伝えているとするなら、その南岸域のほとんどが倭の領域であったことになる。

一方、陳寿の方は、馬韓の南まで倭があったとはいっていない。後に陳寿は、弁韓と倭が国境を接しているように記している。私は、この両者の記述の微妙なくい違いは、それぞれが書いた「時代の差」ではないかと考えている。つまり、後漢代から三国時代にかけて、朝鮮半島の倭もしくは韓の領域に若干の変化が生じていたのではなかろうか。

いずれにしても、この両者の倭の領域に対する認識は、概ね一致しているようで、両者ともに、朝鮮半島の南岸には、当時倭が存在していたといっている。

ところで、ふつうは朝鮮半島にあった倭とは狗邪韓国のことであろうといわれている。たしかに「倭人伝」には、朝鮮半島の倭が狗邪韓国であるかのように書いている。

図４：范曄の示す朝鮮半島領域図

郡より倭に至るには、……、其の北岸、狗邪韓国に到る、七千余里。（「倭人伝」）

ここの「其の」が、「倭に至るには」の「倭」を受けていることは明白であるから、「其の北岸」とは「倭の北岸」ということになる。それは当然、倭の領域内の北岸という意味になり、狗邪韓国が倭の一国ということはまず疑いようがない。

さらに、この点については、『後漢書』（「倭国伝」）に面白い記述がある。

其の大倭王、邪馬臺《やまと》国に居す。楽浪郡徼《きよう》（南の異民族との境界）は、其の国を去る万二千里。其の西北界・拘邪韓国を去る、七千余里。

范曄は、自他ともに認める優秀な史家であったが、あまりにもプライドが高く、その傲慢さによって左遷の憂き目にあうなど、やや変人・奇人タイプの人物でもあった。先にも述べたように、范曄は「倭国伝」を書くにあたっては、すでに成立していた陳寿の『三国志』を熟知していた。その上で、三国時代の前時代史である『後漢書』を撰録したのだ。

ところが彼は、陳寿の「倭人伝」をそのまま写そうとはしなかった。ここが、范曄の范曄たる所以であろうが、彼は前文のように、陳寿とは逆のコースを辿って書いたのである。

そして、「邪馬臺国の西北界に在る拘邪韓国」といっているように、范曄は、狗邪韓国が倭の一国という認識を示している。そうでなければ、「其の西北界の狗邪韓国」とはいえないはずである。「其の西北界」とは、倭の西北の境界という意味であるから、狗邪韓国は倭の領域内にあることになる。それは当然、倭の一国という認識の上に立った表現でもある。仮に狗邪韓国が韓の一国であったなら、ここは「韓の南界」、あるいは「韓の東南界の狗邪韓国に至る」となったはずである。西北界という言い方は、あくまでも倭国から見た表現であり、しかも、ここは倭国ではなく邪馬臺国の西北界となっていて、倭国の中心地から見た表現なのである。

　このように、陳寿と范曄の狗邪韓国に対する認識はここでも一致していて、ともに狗邪韓国を倭の一国とみていることは間違いない。いずれにしても、この両者の記述のどこを見ても、狗邪韓国を韓の一国と認識しているような形跡はまったく伺えない。

　あるいは、一部の研究者の見解に、狗邪韓国とは「韓伝」にみえる弁辰狗邪国と同一の国であるから、けっして倭の一国ではないとする意見がある。

　しかし、この見解は理に適っていない。なぜなら、まず弁辰狗邪国と狗邪韓国では、まったく表記が異なっているからだ。仮に、このような解釈がまかり通るなら、「韓伝」も「倭人伝」も好きなように読むことができる。

　これは、のちに「弁辰瀆盧国」を「其の瀆盧国」と書くのとは、まったく意味が違う。これが「狗邪韓国」ではなく、「其の狗邪韓国」とでもあれば、少々苦しくても、まだそれを「弁辰狗邪国」と見做せなくもない。しかし、実際には「其の」は記されておらず、明らかに、この両者の表記は異なっているのだ。

　あるいは、「馬韓伝」に「不弥国」の名が見えるが、これとまったく同じ国名が「倭人伝」に出てくることは周知の通りである。さすがに、「倭人伝」の不弥国を馬韓の一国という人はいないが、この「不弥国」は一部どころか、まったく同じ表記がなされている。おそらく、実際の発音はかなり異なっているのであろうが、中国人が漢語で記すときは、同じ表記になってしまったものと思われる。その点、狗邪韓国と弁辰狗邪国は、元々、表記そのものが異なっているのだ。

このように、狗邪韓国をたいした根拠もなく弁辰狗邪国と同一視することは、真実からかけ離れた解釈を生み、その思考をとんでもない方向へ導きかねないものである。陳寿を色メガネで見るのではなく、その主張に耳を傾けてみることこそ、今は一番大切なのではなかろうか。

狗邪韓十国

また私は、「狗邪韓国」とは「狗邪＋韓国」ではなく、「狗邪韓＋国」であろうと考えている。肝心の韓国の国々には、ただの一国も「〇〇韓国」と記された国がない。

どうして、倭の一国の「狗邪韓国」にだけ「韓国」の文字があるのか。これに特別な意図があるのかどうかはよく分からないが、おそらくそれほどの意味はないように思われる。韓や倭の国々の名は、基本的に表音文字で書かれていて、表意文字によったと思われる国はなく、原音を無視してまで表意文字によって記そうとした形跡は伺えない。

ということは、この「狗邪韓（kug ŋiăŋ ɦan）」とは、倭人語の「くさか」、「こさか」、「くさは」などの音をうつしている可能性も否定できない。それに「国」をくっつけると、「狗邪韓＋国」となる。たまたま最後の音が、中国音の「韓（ɦan　か・は）」に近い音だったので、「韓」

の字を用いた可能性もある。韓国とあるので、ついつい「狗邪＋韓国」と読みがちであるが、実際に「○○韓国」と記された国は、韓の国々の中にも一切なく、倭の「狗邪韓国」にしか見られないのであるから、そうした先入観は危険でもあるのだ。

安本美典氏も、『卑弥呼は日本語を話したか』の中で、「狗邪韓」が万葉仮名で「日下《くさか》」と読める点に注意を引かれるといっている。

私は、「国」という文字自体が、中国人の手による表記と考えているので、余計「狗邪韓」が本来の地名であったろうと考える次第である。

いずれにしても、狗邪韓国は、倭の一国と結論してもよいようである。

釜山や金海だけが狗邪韓国ではない

さて、朝鮮半島の倭が狗邪韓国だったとすると、狗邪韓国自体が、半島の南岸にかなり広い領域をもっていたことになる。そうでなければ、「南、倭と接す」という表現と矛盾する。ここの「倭と接す」というのは、「南、倭の国境と接す」という意味であるから、先に述べたように、韓の南は海ではなく、倭、つまり狗邪韓国があったということになる。

ところが、現在の学界の定説では、狗邪韓国とは「釜山《プサン》」か「金海《キメ》」のことであろうということになっている。しかし、これがすべての間違いの元なのだ。

仮に、釜山や金海のような一都市程度の領域を倭（狗邪韓国）とするのであれば、まず「南、倭と接す」とはいえないであろう。釜山や金海は、半島の東南端に位置している。その場合、「南は海を以て限りと為し、東南、倭と接す」となるべきである。この点については、すでに古田武彦氏らによる指摘がある（『邪馬台国はなかった』参照）。

やはり、ここは半島の南岸域の相当な領域に倭があったと理解すべきであり、その領域のすべてが狗邪韓国だったということになる。こう考えると矛盾がなくなる。

つまり、朝鮮半島の南岸のほぼ全域に存在した倭の一国が、すなわち狗邪韓国であり、釜山や金海は、その狗邪韓国の中心地域（都市・港）だったと考えられる。

よく考えていただきたい。対馬や壱岐などについては、私たちはその島のすべてをひとつの国とみる。しかし、その対馬や壱岐にも中心がある。

たとえば、壱岐のような小さな島でも、弥生時代の中心地を石田町や芦辺町、あるいは郷ノ浦町などとする論争があった。現在では、壱岐国の中心は原の辻遺跡とする見解が支配的であるが、いずれにしろ、ここの論争は「中心地論争」であった。その一方で、「壱岐国」とは、壱岐の島全域のことだと誰もが考えるのである。

どうして、中心地の原の辻遺跡周辺だけを壱岐国としないのか。それは、壱岐の島が絶海に浮かぶ孤島であり、その領域がはっきりしていて、現代の私たちの目には、壱岐の島の全体像がよく見えるからである。したがって、壱岐の島全体を壱岐国と考えるのに誰も異議をはさまないのだ。これは対馬国においても同様である。

ところが、たまたま狗邪韓国は、大陸にあるためにその領域がはっきりしない。そのために、本来は「中心地論争」であるべきはずの「狗邪韓国の中心＝釜山・金海」という論争が、いつの間にか「狗邪韓国の全体＝釜山・金海」として捉えられてしまっているのである。狗邪韓国の領域は、釜山や金海といった一都市程度の領域の中に狭められてしまった。しかし、これでは「南、倭と接す」とは、とてもいえないのではなかろうか。

先の「壱岐国」の例をあげるまでもなく、どんなに小さな国でも中心と周辺はある。狗邪韓国も国である以上、当然、中心と周辺をもっていたはずだ。しかし、絶海の孤島と違って大陸における周辺は分かりにくい。そこで陳寿は、そのはっきりしない周辺について「南、倭と接す」と記し、それが南岸のかなり広い領域にあると説明しているのである（図5参照）。

図5：陳寿の韓国地理観

そして、その周辺とは、すなわち「国境」ということになる。

つまり、狗邪韓国は、倭国の中で唯一、大陸において国境をもっていた国ということになる。その倭国の唯一の国境を、陳寿が明確にしないはずはないのである。

なにしろ陳寿は、最初（序文）から、東夷諸国の備えざる所（国境）と接したといっている。当然、「倭人伝」にも、大陸にあった唯一の「国境」が書かれていると考えなければならない。そしてこの認識が、「倭人伝」を読むためにもっとも必要なものとなる。

なぜ、弁辰瀆盧《とくろ》国だけが、倭と界《さかい》を接するのか

弁辰と辰韓は、雑居す。（弁辰の）衣服・居処は、辰韓と同じ。言語・法俗、相似たり。鬼神を祠祭するに異有り。竈《かまど》を施すに、皆、戸の西に在り。其の瀆盧国、倭と界を接す。十二国、亦、王有り。其の人形は、皆、大なり。衣服は清潔で髪は長い。亦、広幅細布を作る。法俗は、特に厳峻なり。（「韓伝」弁辰の条）

右は「韓伝」最後の記述であるが、なぜか唐突に「其の瀆盧国、倭と界を接す」という記録が出現する。「其の瀆盧国」とは、「弁・辰韓条」の国々の中にみえる「弁辰瀆盧国」のことである。問題は、なぜ、この瀆盧国だけが「倭と界を接す」と書かれているのかである。陳寿は、「夫余伝」からここの「韓伝」まで、一貫して「国境」を書いてきたが、そのすべてに、「〇〇（の国境）と接す」という表現を使っている。ところが、ここは「界を接す」となっているのだ。これは瀆盧国だけが、「韓と倭の国境線のすべてで接している」ということではなく、その国境線

のどこか一部の地域で「界を接している」ということであろう。

たとえば、現在の日本と韓国の国境を考えてみよう。現在、日本と韓国の国境は、朝鮮海峡内に画定されている。そして、その実質的な国境線は、もっとも近くで隣接している対馬と釜山の間にあるといってもよい。

しかし、その対馬と釜山の間にある境界を、対馬と釜山の国境とはいわない。そこは、あくまでも日本と韓国の国境であって、対馬と釜山は、日本と韓国の国境線上において、互いに「境を接している」というのが正しい表現となる。

陳寿は、これと同じことを「韓伝」でいっているのだ。韓国は全体としては、「南で、倭と国境を接している」が、その国境線上のある個所で、弁辰の瀆盧国と倭の狗邪韓国が「境を接している」といっているのである。

この認識が重要である。今までは、誰一人としてこの意味が理解できていなかった。ほとんどの研究者は、瀆盧国が釜山や金海辺りにあったと考えている。それは、朝鮮半島にあった倭の狗邪韓国を釜山や金海に限定して考えるからだ。そのために、「其の瀆盧国、倭と界を接す」とは、釜山や金海周辺の状況をあらわしていると考えてしまうのである。

しかし、この考え方には、あまりにも矛盾が多すぎる。これでは、まるで瀆盧国だけが、釜山や金海という都市の回りを取り囲んでいるような状態になってしまう。

あるいは、瀆盧国は、釜山の東側や北側に位置していたなどという人もいるが、その場合は、どうして東や北にあった瀆盧国だけが「倭と界を接す」と特筆されるのか、その意味がまったく分からない。そこで、またもや陳寿のいい加減さを、まことしやかに説く研究者が出てくるのだ。たとえば朝鮮史の井上秀雄氏は、著書『古代朝鮮』の中で「『韓伝』にみられる矛盾は、いくつもの系統の異なる書物から、無秩序に撰録した結果である」というように述べている。やはり、ここでも陳寿はいい加減な史官として扱われ、その責任を押し付けられている。

陳寿は、あらかじめ「韓伝」の冒頭において、「南、倭と接す」といっているのだ。この意味を再認識していただきたいし、もっと真摯に考えていただきたいのである。

狗邪韓国は、韓国南岸域のかなり広い範囲にわたって領域を有していて、その中心地であった釜山や金海周辺には、とても瀆盧国の入り込む余地はないのである。

さらに、「馬韓条」や「弁・辰韓条」には、次の記述がある。

○(馬韓の国々は)山海の間に散在す。……、凡そ五十余国　(馬韓条)

○弁・辰韓、合わせて二十四国。……、弁辰と辰韓、雑居す　(弁・辰韓条)

この記述によって、三韓の国々が全部で七十カ国以上あったことが分かる。また、その国々が山海の間に散在していたり、雑居していたというのであるから、七十数カ国もの国々が、朝鮮半島内に点在していた状況も伺い知ることができる。

そこで、ここまでの陳寿の記述を地図上に置くなら、おそらく図6のようになるはずだ。

この地図の姿が陳寿の韓国地理観だったと結論する。このような見方をすると、陳寿の記述にほとんど矛盾がなくなる。

やはり、「韓伝」を理解するためには、再三述べてきたように、序文の「備えざる所」の意味を「国境」という概念で捉えられるかどうかにかかっていた。その意味さえ理解できれば、「韓伝」もそれほど難解なものではないのだ。

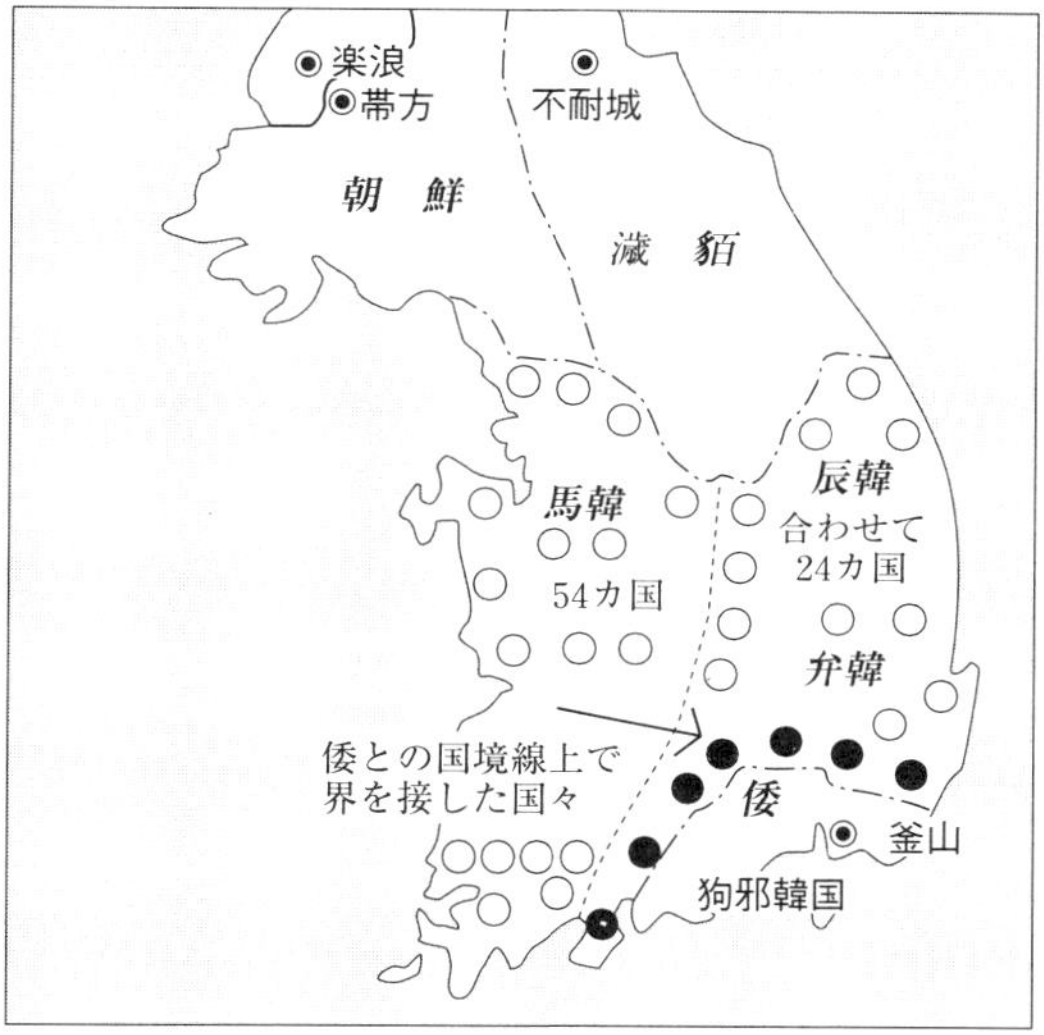

図6：倭の狗邪韓国と界を接した韓の国々
（弁辰瀆盧国は、その中の一国だった）

魏志の一行は瀆盧国を通過した

さて、話はいよいよ「韓伝」の核心に近づいてきたようだ。ここの「其の瀆盧国、倭と界を接す」は、次の「倭人伝」を解明する上で重要な意味をもっている。陳寿は、この一文を「韓伝」に記すことで、「倭人伝」に先行して、あらかじめ韓国の出口と倭国の入口を教えてくれていたのである。そこが、韓と倭の具体的国境地点ということになる。

なぜ、瀆盧国だけが、「倭と界を接す」と特筆されるのか。それは、そこを魏使一行が通過して行ったからである。韓の多くの国々が、倭との国境線上で「界を接していた」はずなのに、瀆盧国だけが、特に「界を接している」と書かれる理由は、それ以外には考えられない。

前にも述べたが、陳寿は「夫余伝」以降、国と国の位置関係を示したあと、必ず具体的に国境地点を明記している。中でも倭人の国は、これまでの中国にとって、まったく未知の国であったから、余計にそこを詳細にしておく必要があった。そこで、あらかじめ韓国の視点からも、国境の通過地点にあった瀆盧国が特記されたのであろう。

「倭人伝」は、これらを受けて書かれている。

そして、ここまでの認識によって、次の「倭人伝」を読むとき、その瀆盧国（国境地点）が半島のどこにあったかは、おのずから判明する。

倭人も製鉄していた

さて、ここで一気に「倭人伝」に話を進めたいところではあるが、その前に先に述べた韓国の鉄問題に触れておきたい。この問題も、韓国南岸域に倭の狗邪韓国が広域にあったと理解することで、新たな事実がみえてくる。

> 国、鉄を出す。韓・濊・倭、皆従《ほしいまま》に之を取る。諸市に買《あがな》うに、皆鉄を用う。中国の銭を用いるが如し。又、以て二郡（楽浪・帯方）にも供給す。

右の文は、本書の「序」で取り上げたものである。そこで述べたように、ここの「従」は、「ほしいままに（自由に）」と読むべきである。

問題は、韓・濊・倭の三国の人たちが、「ほしいままに取った鉄」をどこで製鉄していたかである。現在のところ、楽浪・帯方の辺りからは、鍛冶工房跡は発見されていても製鉄遺構の発見例はない。では倭人は、韓地で自由に取った鉄を、韓人に依頼して、製鉄してもらっていたのであろうか。

しかし、鉄鉱石は自由に取っておいて、製鉄だけ依頼するなどという面倒なことをするであろうか。それなら初めから製鉄された製品（鉄鋌）を輸入すればすむ話である。

ところが、現代の専門家たちの解釈は、先の文を「二郡に従《したが》って（その監視下のもと）鉄を取っていた」と理解してきたことや、現在まで、倭国の製鉄遺構が六世紀以前には溯《さかのぼ》り得ないことなどから、三世紀当時の倭国にはまだ製鉄技術はなく、中国・韓国などから製鉄されたもの（鉄鋌や加工品）を輸入していたと考えてきたのである。

しかし、私はこれを否定する。まったく違うと考える。狗邪韓国は倭の一国であり、半島の南岸域のかなり広範囲にあったと考えているが、それはおそらく、現在の慶尚南道のほぼ全域に相当する広さであったと考える。つまり、倭人は朝鮮半島に住んでいたのである。そこで韓や濊の人たちと一緒になって、仲良く皆で鉄を取っていたのである。

東夷伝をみると、夫余・高句麗・挹婁・濊などの国々は、互いに戦争したり、臣属関係にあったことなどが記されているが、濊・韓・倭の三国の間には特にそのような関係があったとは書かれていない。少なくとも敵対関係にはなかったようである。

韓国には、今でも鉄鉱石が取れる場所がたくさんあるが、当時は露頭掘りであった。現代と比べると、その採掘量も運搬量も、そして消費量もたかが知れていたのではなかろうか。鉄鉱石むき出しの山もあったであろうし、河原や山麓には、崩れ落ちてきた鉄鉱石がけっこうあったとも考えられる。それほど、その所有を巡って神経質になるほどのことはなかったように思える。案外、三国の人たちは、仲良く協力して取るようなこともあったのかもしれない。いずれにしても、当時としては、その量は豊富にあったと考えてもよい（図7参照）。

韓国南岸の製鉄遺構

韓国・慶尚南道には、製鉄遺構で有名な城山《ソンサン》貝塚や勒島《ヌクト》遺跡などがあるし、他にも製鉄との関連を伺わせる遺跡がかなりある。これら韓国南岸の遺跡は、考古学の知識に貧弱な筆者がみても、倭人との関連が深く、ほとんど倭人の居住区や墓と考えてよいものがかなりあるようにみえる。

特に注目すべきは、鏡の副葬であり、韓国の他の地域ではみられない漢式鏡の副葬が、韓国南部の茶戸里《タホリ》遺跡（前漢・星雲鏡）や金海・良洞里《ヤンドニ》遺跡（後漢・方格規矩鏡）、あるいは三東洞《サンドンドン》遺跡（倭製？・内行花文鏡）から発掘されていて、倭人との関連を想起させるに十分である。また、これらの遺跡からは、倭製土器や北九州製の甕棺、倭製銅器、倭製の弓（二メートル超）なども出土している。

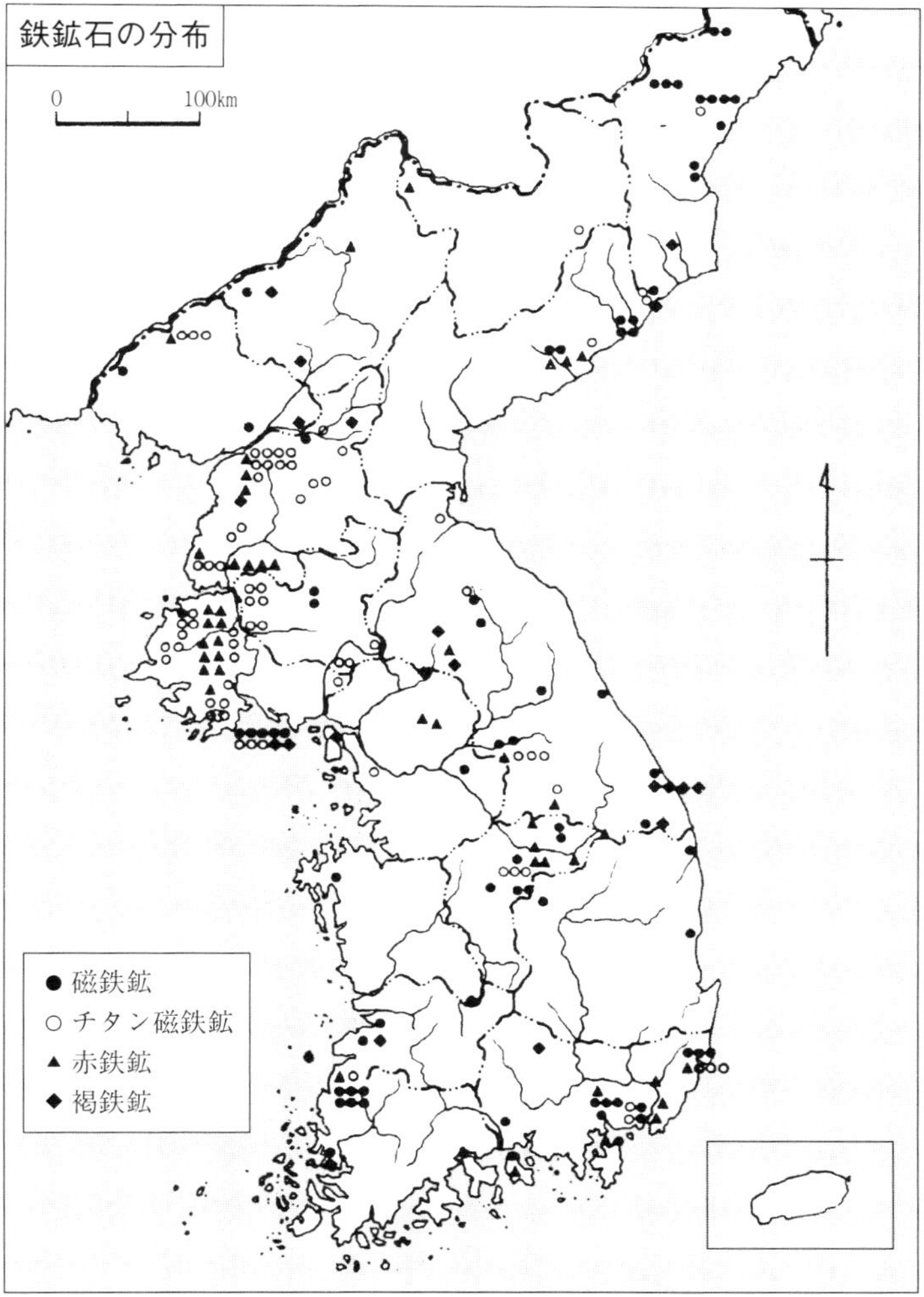

図 7：鉄鉱石の分布（田中俊明ら編著『韓国の古代遺跡』新羅編より転載）

いずれにしても、半島南岸域は、韓国の他の地域とは文化的に一線を画しているようにみえる。私は、それが倭人の国（狗邪韓国）だったからではないかと思う。したがって、この領域が、後に「伽耶《かや》・加羅《から》」や「任那《みなま》」などと呼ばれた可能性がある。

『日本書記』や『百済本紀』（逸文）、あるいは十一世紀に成立した『三国遺事』、『三国史記』などには、この地域に倭国（日本）の影響力が強く及んだように書かれているが、先のような事実があったのであれば、むしろ、それは当然であったろうと私は考える。

そして、新羅や百済の比較的詳しい記述に対して、どうもこの「伽耶・加羅」についての韓国側の記録には、曖昧模糊とした部分が多く、分かりにくい。それは、古代のこの地域が、韓国ではなく、倭国だったためではないかと推察される。これに基づくと、先の「狗邪《くや》・韓《かん》」という地名表記も、じつは倭人語の「伽耶《かや》・伽羅《から》」の音をうつしていたとも考えられる。

また、当時の半島南岸域における文化的先進性は、韓国の倭国に対する先進性として論じられてきていたが、私は、いまやそれにも懐疑的である。むしろ、それは倭国の先進性の上にあったと考えた方が理に適っているように思われる。

たとえば、「韓伝」（馬韓の条）には、「其の俗、国邑に主帥（国王・村長に相当）有りと雖《いえど》も、邑落雑居し、善《よ》く制御するを能《あた》わず」とか、「其の北方の近郡諸国（帯方郡近くの国々）は差《やや》礼俗を暁《さと》るも、其の遠き処（南方）は、直《ただ》囚徒・奴卑の相聚《つど》うが如し」などとある。また、「弁・辰韓の条」には、「男女、倭に近し」ともある。

これらからは、当時の韓国の倭国に対する文化的先進性は理解しにくいし、むしろ、ここまで述べてきたように、半島南岸域にいた倭人の先進性を示唆しているのではなかろうか。つまり、南岸の韓国文化が倭国に影響を及ぼしたというより、元々そこにいた倭人が、昔から中国文化を積極的に受容してきた痕跡をそこに残しているように思われるのだ。

また、七世紀成立の『隋書』（俀国伝）には、「新羅・百済、皆、倭を大国と為す。珍物多く、並びて之を敬仰し、恒に使を通じて往来す」とある。当然、三世紀と七世紀との時代の違いがあるし、単純に比較はできないが、倭国は東夷にあっては、三世紀からかなりの大国であったと思われる。「倭人伝」によれば、倭国の人口（世帯数）は、少なくみても二十万世帯以上はあったと推察される。それは、夫余の八万、韓国の十五万世帯を上回る東夷一の大国だったということになる。

また、東夷の中で魏王朝から「王」の称号を与えられたのは倭国の卑弥呼だけであった。さらに、銅鏡などの生産も独自に行っていたことなども考え合わせると、半島南岸の文化は、韓国文化というより、倭人の構築した文化であり、北部九州を中心とした玄海文化圏の一角をなしていたと考える方が妥当に思えるのである。

少々、飛躍し過ぎた感もあるが、やはり、三世紀の韓国南岸域は倭人の領域であったと考えるべきであろう。陳寿は、それを「韓の南は、倭の国境と接す」と、その地域における認識を示したのであろうし、また、それは、ここで述べた「国、鉄を出す。韓・濊・倭、皆従《ほしいまま》に之を取る。云々」の記述をもってしても、十分に証明されることになったと思う。

尚、ここで述べた韓国南岸倭地論は、民族主義的立場からのものではなく、あくまで古代史文献学の立場によるものであり、現代の日韓両国の領土とは無縁であることを、ここに念のため申し添えておく。

さて、このような認識に基づいて、いよいよ「倭人伝」について語ることにしよう。

邪馬台国を特定する

「倭人伝」にも国境が書かれていた

さて、いよいよ「倭人伝」の謎解きに取りかかることにしよう。

「倭人伝」は、これまでの東夷諸国の冒頭の記述と違って、いきなり国境から書くのではなく、まず帯方（郡）からみた倭国の位置と国々の立地する状況が述べられている。

倭人は、帯方の東南大海の中に在り。山島に依りて国邑を為す。旧《もと》百余国。漢の時、朝見する者有り。今、使訳通じる所、三十国。

これは、倭国がこれまでの東夷諸国のように大陸内の国ではなく、東南大海中の国であったためであろう。つまり、そのほとんどと接しようがなかった。そこで、その特殊な立地から説明し、これまでの「接」という表現から、「至（到）」に記述が変化することを示唆していると思われる。したがって、最初に国境を記すということまでの陳寿の筆法（ルール）に従うなら、倭の国境は、その次の一文の中に書かれているはずだ。

郡より倭に至るには、海岸に循《したが》い水行し、韓国を歴《ふる》に、乍《たちま》ち南し、乍ち東し、其の北岸、狗《く》邪韓《やかん》国に到る、七千余里。始めて一海を度《わた》る千余里、対海国に至る。

ところが定説では、ここの「郡より倭に至るには」を、「郡より倭の首都（女王国）に至るには」と読んでいる。これが現在の学界の総意であり、まずほとんどの研究者がそう読んで疑わない。ここには邪馬台国の謎を解く鍵が隠されているのに、そのことに誰も気付いていない。

陳寿は、外夷伝を「防衛白書」として記した。中でも東夷伝は、「国境」を第一義に記していて、ここは「倭人伝」における唯一の国境記述なのである。したがって、ここまでの陳寿の筆法に従ってこの一文を読むなら、ここは「郡より倭の国境に至るには」としか読めないのである。「倭人伝」にも国境の記述があった。そこで、以下、それをさらに具体的に考証してみよう。

放射線式解読法は正しいのか

今日まで、先の一文における陳寿の真意を読み誤まっていたために、その意味や意義が見すごされてきた。そのことが今日の邪馬台国問題に与えた影響は、計り知れないほど大きいのである。その顕著な例が、榎一雄氏の「放射線式解読（記述）法」の正誤をめぐる問題にある。

この考え方の創見は豊田伊三美氏にあるが、一九六〇年、榎一雄氏（東京大学教授）が著書『邪馬台国』において、「放射線式解読法」として学界に改めて提起したものである。これは卓見であったと思うが、いまだに賛否両論があって、現在まで決着がついていない。

この説は、伊都国までが「方位・距離・地名（直線式）」の順に記されているのに、伊都国以降は「方位・地名・距離」の順に記述が変化していることから、伊都国以降は伊都国を起点として（放射線式に）各方向への行路が書かれている、としたものである（図8参照）。

さらに、この放射線式記述法を「支那古書における伝統的記載法」と主張したのである。

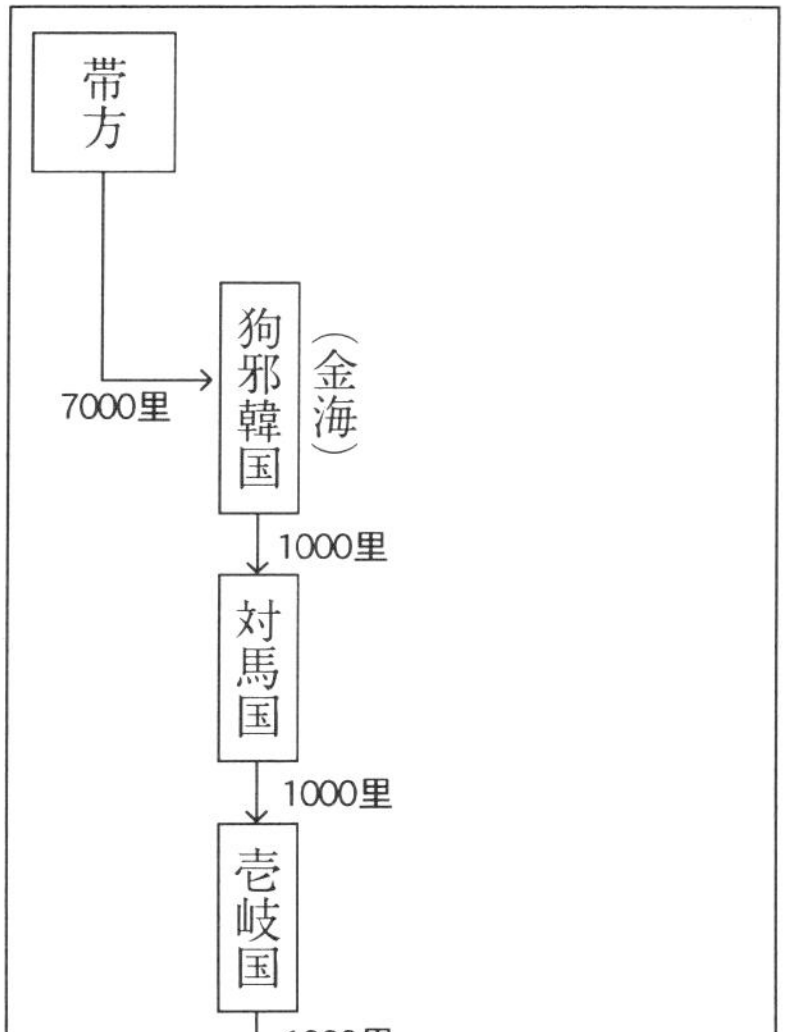

図８：榎一雄氏による放射線式解読法

【例】

『伊都国まで』〈方位〉＋〈距離〉＋〈地名〉　　〈方位〉＋〈距離〉＋〈地名〉

南、……千余里、一大国に至る。……東南、陸行五百里、伊都国に到る。

『伊都国以降』〈方位〉＋〈地名〉＋〈距離〉　　〈方位〉＋〈地名〉＋〈距離〉

東南、奴国に至るに、百里。……東行、不弥国に至るに、百里。

この榎説については、九州説、近畿説を問わず、多くの専門家が正しいのではないかと考えている。にも拘わらず、いまだに絶対的支持を得るには至っていない。その原因のひとつが、先の一文の誤読からきているように思われる。

たとえば、古田武彦氏は、先の一文を「郡より倭の首都に至るには」と読み、けっして「倭の国境に至る」とか「倭の狗邪韓国に至る」という意味ではないと論断する（もっとも、ここは、ほとんどの研究者が「郡より女王国に至るには」と読んでいる）。

さらに、「伊都国までは、方位・距離・地名の順に記載されているというが、『倭人伝』冒頭の一文は、方位（乍南乍東）・地名（狗邪韓国）・距離（七千余里）の順になっている。これは、榎氏のいう伊都国以降の放射線式記述法と同じ書き順である。したがって、その記述法は冒頭から矛盾を露呈していることになる」とこのような論旨で榎説を批判し、「放射線式記述法」を否定している（以上、古田武彦著『邪馬台国はなかった』より）

しかし、私は、古田氏のこの反論は的を射ていないと考える。

その第一の理由は、なぜ先の一文が「郡より倭の首都（女王国）に至るには」と読み得るのかである。のちに陳寿は、「郡より女王国に至るには、万二千余里」と明記している。ここが古田氏のいうような意味なら、どうして、ここも「女王国に至るには」と記さずに、「倭に至る」と記したのであろうか。それは、この一文には、陳寿のそのような意図がなかったからである。

国境とは、国と国の境界のことをいう。当然、その国境は国名によって記される。したがって、倭の国境は、「倭に至るには」とする以外、表記のしようがなかったのである。

たとえば「倭人伝」までの国境の記述を見ても、「高句麗と接す」や「夫余と接す」などと国名で記されている。それは当然であろう。国境は国名で記すのが「きまり」である。

ただ、いずれも「国境」という文字を省略しているにすぎず、ふつう、これを「国境と接した」とか「国境に至るには」と読むのである。それがなぜ、現代の日本では、ふつうに読めないのか。その方がよほど不思議である。

こういうと、「倭人伝」だけ「国境が書かれなかった」とでもいうのかもしれないが、そんなことはまず有り得ない。倭人の国は、中国にとっては、ほとんど未知の国だった。その国をはじめて正式訪問して、その事情に通じたのである。陳寿は、「倭人伝」でも国境を記したはずである。ただ、それまで「国境と接す」という表現だったものが、倭国だけ特殊な立地にあったために、「倭の国境に至る」と表現が変化しただけなのである。また、それは同時に、ここが「倭に至る」以外の表現ができないということでもあったのだ。

その「倭人伝」で東夷最後の国境を記し終えたとき、はじめて陳寿は、前史にも記されなかった東夷諸国すべての「備わざる所（国境）と接せしめた」のである。

したがって、この一文は定説のように、【郡より倭（の首都）に至るには】＋【（まず）海岸に循い水行し――乍ち南し乍東し――狗邪韓国に到る七千余里】と二つに区切って読むのではなく、【郡より倭の国境に至るには――七千余里】と通読しなければならない。

つまり、この一文は、それ以降の行路記述とはまったく違う。他の東夷諸国の冒頭の記述と同じように、ここは「国境」が書かれていると見なければならないのだ。また、この視点に立ったとき、はじめてそこに別の記述法、いわば「国境記述法」の存在も見出せるのである。

国境記述法があった

○国境記述法（中心―境界）

〈郡治・国都〉＋〈方位〉＋〈距離〉

（玄菟郡の郡境は）遼東の　北に在り　相去ること二百里　（裴松之注引「呉志」）

（夫余の国境は）　＊長城の　北に在り　玄菟（郡治）を去る千里　（夫余伝）

（高句麗の国境は）遼東の　東　千里に在り。（高句麗伝）

（挹婁の国境は）　夫余の　東北　千余里に在り。（挹婁伝）

（倭の国境は帯方）郡より　乍南乍東　七千余里。（倭人伝）

＊ここの長城は、遼東郡治を意味している

冒頭の一文を国境記述と認識するだけで、これだけ新しい視野が開けてくる。この記述法は、倭国内行路の記述法（直線式・放射線式）とはまったく異質のものである。

古田氏は、この一文の記述を、方位・地名・距離の順に書かれているとして榎説を批判したが、その批判はまったく正鵠《せいこく》を射ていなかったのだ。

この一文を国境の記述と認識したとき、はじめて陳寿の真意と筆法が鮮明に見えてくる。それをもう一度整理してみよう。

【倭国行路の説明文】

○郡より倭の国境に至るには、七千余里。

○その国境から女王国までの、倭地を参問すれば五千余里。

○郡より女王国に至るには、万二千余里。

このように、陳寿は大局的視点から、三段論法によって見事に倭国への行路を説明している。そして、ここの「倭地」という用字も、陳寿の国境を強く意識した概念からきている。帯方から見たとき、倭の国境までは「韓地」であり、その韓地から先が「倭地」ということになる。当然、その間には「国境」がある。つまり、「倭地」とは、国境認識の上から生じた言葉であったのだ。

【三つの行路記述法】

○国境記述法（中心−国境まで）

中心　＋　方位　＋　距離

○直線式記述法

方位　＋　距離　＋　地名

○放射線式記述法

方位　＋　地名　＋　距離

消えた点と線

さて、この筆法によるとき、その先の行路区間に必ず「空白」が生じる。それは、国境から次の中心点までの距離だ（三四頁の図3参照）。

ところが、今までは誰もそこに空白があったことすら気付かなかった。一万二千余里の内訳（部分里数）は、すべて記されていると考えてきたからだ。そのために、じつにさまざまな解釈が生まれたことは周知のとおりである。この点では、基本的に近畿説と九州説は共通している。

しかし、そうではないのだ。陳寿の筆法では、必ずしも部分里数の総和が合計になるとは限らない。国境から次の起点までが必ず空白になってしまうからだ。従来のような解釈のままでは、この「倭人伝に消えた点と線」（空白）はまず見えてこない。

そこで、この問題を考える上で再び注目しなければならないのが、次の二つの記述である。

イ　郡より女王国に至るには、万二千余里

ロ　倭地を参問すれば、海中洲島の上に絶在し、或は絶え、或は連なり、周旋五千余里可り。

なぜ、「倭人伝」にだけ、始発地（帯方）から目的地（女王国）までの全体の里数（一万二千余里）、あるいは国境から女王国までの倭地の里数（五千余里）が特記されたのか。

これは、陳寿の筆法では、「中心－境界、中心－境界」と記すために、その間の「境界－中心」が必然的に空白になってしまうからだ。当時でも、全体の里数（一万二千里）や倭地内の里数（五千里）を記さなければ、そこに空白があることすら見落とされる可能性があったのだ。

周知のように、「倭人伝」に書かれた部分里数の合計は、一万五百里にしかならない。したがって、このままではその空白区間の里数がいくらになるのかも分からない。そこで、全体の里数や倭地の里数を特記し、その記述上必然的に生じる空白区間の実数（一五〇〇里）を教えているのである（空白区間＝韓国南岸の国境～始めて一海を渡る地点間。図9参照）。

放射線式記述法は存在した

私は、基本的に榎一雄氏の放射線式解読法は正しいと考える。榎氏のいう「支那古書における伝統的記載法」は、『三国志』以前の『漢書』やそれ以後の『新唐書』などに同様の記述が見られることからも、十分にその整合性が認められる。『漢書』（西域伝）を見ると、すべての国々の

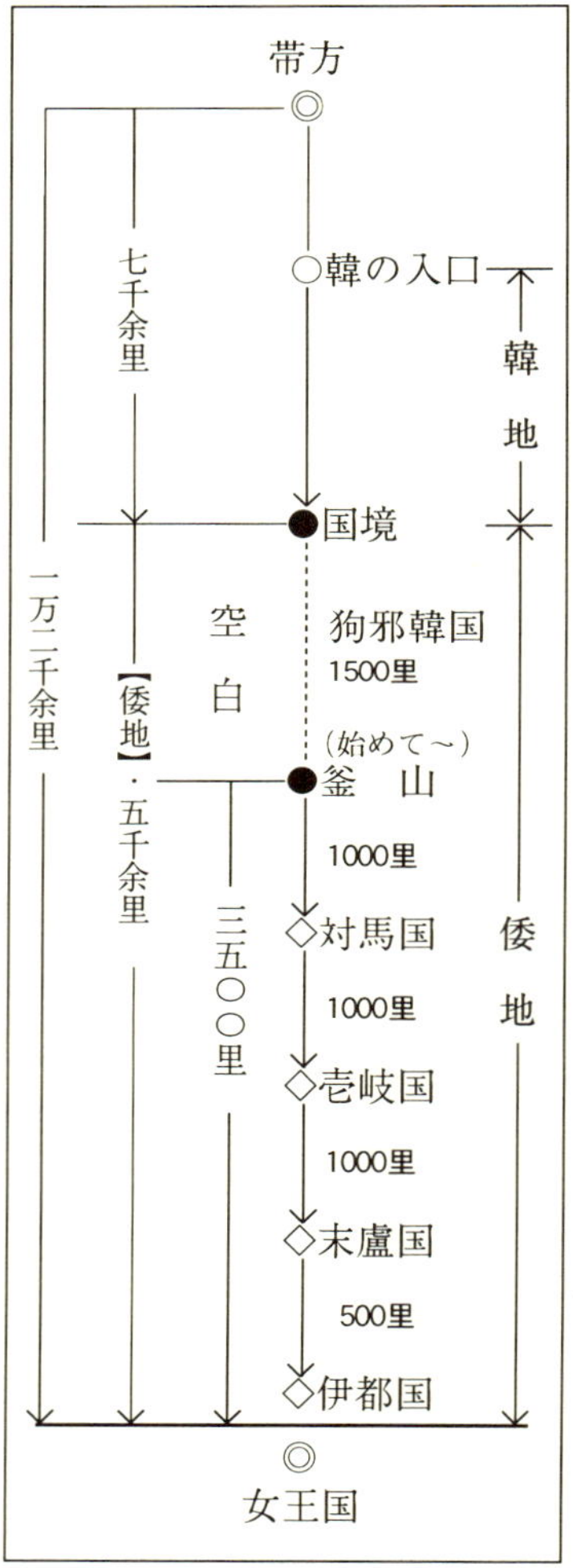

図9：倭の空白区間

記述に、まず長安からの距離が記され、その後は、その国々の中心から各方面への道里が「放射線式」に書かれている。たとえば、「大宛国」の条を見てみよう。

大宛国王は、貴山城に治す。長安を去る、万二千五百五十里。……
（貴山城より）東、都護治所に至る、四千三十一里。（貴山城より）北、康居卑闐《ひてん》城に至る、千五百一十里。（貴山城より）西南、大月氏に至る、六百九十里。

このように、ここでは大宛国王の都である貴山城を起点として、東、北、西南の各方向への道里が「方位・地名・距離」の順に記されていて、放射線式記述法に適っている。『漢書』（西域伝）

は、ほとんど同じ記述法によっているが、もう一つ「蒲犂国《ほれい》」の条で確認しておこう。

蒲犂国王は、蒲犂国に治す。長安を去る、九千五百五十里。戸、六百五十。口、五千。勝兵二千人。東北、都護治所に至る、五千三百九十六里。東、莎車に至る、五百四十里。北、鉄勒に至る、六百五十里。云々

やはり、ここでも蒲犂国から放射線式に「方位・地名・距離」の順に書かれている。

さらに、『三国志』の後に成立した『新唐書』（地理志）にも、次の記述がある。

イ　直線式記述法（方位＋距離＋地名）

営州の東、百八十里、燕郡城に至る。又、汝羅守捉を経て、遼水を渡る………。

ロ　放射線式記述法（方位＋地名＋距離）

安東都護府（撫順）……、東南、平壌城《ピョンヤン》に至る、八百里。西南、都里海口（旅順）に至る、六百里。西、建安城に至る、三百里。……南、鴨緑江の北、泊汋城に至る、七百里。

ここの記述も、イは直線式に、ロは安東都護府から放射線式に書かれている。そして、この記載による位置関係がほぼ正確であることは、地理上でも証明されている。

このように、『三国志』の前後に成立する史書において、放射線式記述法の存在が確認される。

したがって、榎一雄氏の「放射線式記述法」は正しいと考えられるし、また、それは「支那古書における伝統的記載法」でもあったと思う。

「至」と「到」の意味

ところで、榎一雄氏の「放射線式記述法」を支持した牧健二氏は、「倭人伝」の「至」と「到」の使い分けに注目した。特に、「伊都国に到る」の「到」は、魏使らが最終目的地に「到った」という意味であり、それ以降は、その目的地であった伊都国を起点として書いていると主張した。これは、「倭人伝」のほとんどの行路記述で「至」の字を使用しているのに、伊都国の個所に、あえて「到」を使うというのは、伊都国が最終目的地だったからだと考えたことによる。

しかし、古田氏は、その牧氏の説をも否定した。

古田氏によれば、「魏使の最終目的地は、あくまでも女王国であって、伊都国ではない。それは「倭人伝」冒頭で、『郡より倭の首都に至るには』と述べていることからも明らかである。

また、「倭人伝」に使用されている『至』と『到』の使い分けについても『三国志』全文を検証した結果、『至』が一〇九六個、『到』は一九四個使用されていた。しかし、この両者に特別な使い分けは見られず、多く混用されている事実を確認した」と、このような論旨で牧説を批判している（前掲『邪馬台国はなかった』ほか）。

たしかに、伊都国が魏使の最終目的地ではなく、女王国がその目的地であることは明白である。

それは、「郡より倭の首都に至るには」と読み替えて解釈しなくても、「郡より女王国に至るには、万二千余里」の一文の中で、きちんと明記してくれている。

私は、「至」と「到」の使い分けは意図的になされたと考える。その理由として、女王国までの行路記述中に用いられた「到」は、じつは二カ所ある。そのひとつが国境地点を記した「狗邪韓国に到る」の個所であり、もうひとつが郡使の常駐した「伊都国に到る」の個所である。

イ　帯方より、倭の国境・狗邪韓国に到る、七千余里。（韓と倭の国境地点に到る）

ロ　東南、陸行五百里、伊都国（の港）に到る。（魏使らが常駐した港に到る）

ここまでの論証によって、この二カ所が当時の中国人にとってもっとも重要な認識を要する地点であったことは明白である。魚豢《ぎょかん》の『魏略』（倭伝）でも、「至」と「到」は、まったく同じ個所に使用されている。これは、私にはとても偶然とは思えない。やはり、当時の中国人にとって、この二カ所には特別の意味があった（軍事上）ということではなかろうか。

従来、「至」と「到」の使い分けを論じる場合、ややもすれば「伊都国に到る」の「到」だけが議論され、「狗邪韓国に到る」の「到」についてはほとんど論じられなかった。それは、誰もこの一文の意味を理解していなかったからである。ここが国境の記述であり、もっとも重要な認識を要する地点であったとなれば、にわかに注目されるのではなかろうか。

イ　其の北岸、狗邪韓国に到る、七千余里。（ここまで国境記述）
ロ　東南、陸行五百里、伊都国に到る。（ここまで直線式記述）
ハ　東南、奴国に至る、百里。（以降、放射線式記述）

このように、記述の変化の節目ごとに「到」を使用しているようにみえる。これらから推察すると、やはり「至」と「到」は意図的に使い分けていると考えられる。

これらは結果として、「放射線式記述法」の存在を肯定することになる。やはり、伊都国以降は、放射線式記述によって記されていると考えてもよいようである。

水行十日、陸行一月

ところが、その提唱者である肝心の榎一雄氏は、先の図8（五七頁）のように伊都国と女王国との間に千五百余里の距離があったと考えた。そのために、榎氏の放射線式解読法による邪馬台国所在地論（久留米市辺り）は、ついにその整合性を保てなかったのである。

榎氏は、陳寿はその間の距離を里数（千五百余里）ではなく、「水行十日、陸行一月」の所要日数で記したと解釈し、さらに、その「水行十日、陸行一月」とは、「水行十日、または、陸行一月」の意味だと主張したのである。

しかし、中国史書において、そのような書き方や読み方の先例はない。これは残念ながら、榎氏の恣意的な読み方といわざるを得ない。

このような場合、「倭人伝」の他の個所で、陳寿は次のように記している。

イ　其の人（倭人）寿考（長寿の意）、或《ある》いは百年、或いは八九十年。

ロ　或いは左に、或いは右に、或いは大に、或いは小に、尊卑の差有り。（倭人の入れ墨）

このように、二つ以上の見方が出来る場合、いちいち「或」を使用し、誤解されることを極力避けている。けっして「百八九十年」とか「左右大小」などとは記していない。陳寿の筆法は、簡潔ではあっても、けっして粗雑ではない（『後漢書』は「左右大小」とする）。

仮に、ここが榎氏のいうような意味なら、おそらく「或いは水行十日、或いは陸行一月」と記したのではなかろうか。この点については、すでに多くの研究者の指摘するところである。

やはり、「水行十日、陸行一月」は通読すべきであり、某行路区間における全所要日数のことと解すべきであろう。

私自身は、拙書『倭人伝を読む』で示したように、「水行十日、陸行一月」とは、「女王国－洛陽」間にかかる全所要日数と理解している（軍事費算出のため、復路は所要日数で記録した）。

いずれにしても、伊都国と女王国の間に相応の距離（千五百余里）があったとするなら、女王の宮殿の所在は、現在の私たちと同様に三世紀の中国人がもっとも知りたかった場所でもあったはずだ。それを里数で明確に示さないというのは、やはり不審である。

邪馬台国は糸島にあった

私は、伊都国と女王国との間には、記述するだけの距離がなかったと考える。

私は、ここまでの論証で、その存在を証明した「国境記述法」、「直線式記述法」、「放射線式記述法」の三つの記述法に従って「倭人伝」を読んだ結果、邪馬台国は「前原にあった」と結論する。その結論を図10に示してみよう。

卑弥呼の宮殿は、前原市の曽根丘陵一帯、及びその周辺域のどこかにあったと考える。おそらく眼前に伊都国の港を臨み、また、港に停泊していた魏使の船からも女王の宮殿は見えていたと推量する。

そこは、「一万二千余里の到着地」=「伊都国の港・中心域」=「女王国の入口」というような位置関係にあったと思われる。ほとんど伊都国の港と隣接した所に邪馬台国の入口はあったはずだ。卑弥呼の宮殿は、魏使が常駐していた伊都国から、十分通勤圏内（三十分程度）にあったと思われる。三世紀の伊都国の港が波多江《はたえ》や泊《とまり》辺りにあったとすると、そのすぐ南に曽根丘陵地はある。距離にしてせいぜい二－四キロ程度である。

伊都国と女王国との間には、ほとんど書くだけの距離がなかった。魏使らは、伊都国の港に入港する時点で、すでに女王の宮殿を肉眼で確認していたはずであり、また同時に卑弥呼の方も、伊都国の港に停泊した彼らの船を目で確認していたと思う。

陳寿は、「郡より女王国に至るには、万二千余里」と記している。この「女王国に至る」の意味が重要である。この点、後に章を改めて少し詳しく論じるが（七七頁参照）、陳寿は、「女王」の表記を「邪馬台国の中心地」、「女王国」の表記を「邪馬台国全域」の意味に使い分けている。その場合、女王国に至るとは、その入口に至るという意味になり、そこは伊都国の出口（境界）でもある。そして、その境界は伊都国と邪馬台国の両国が共有していて、伊都国の港のすぐ南

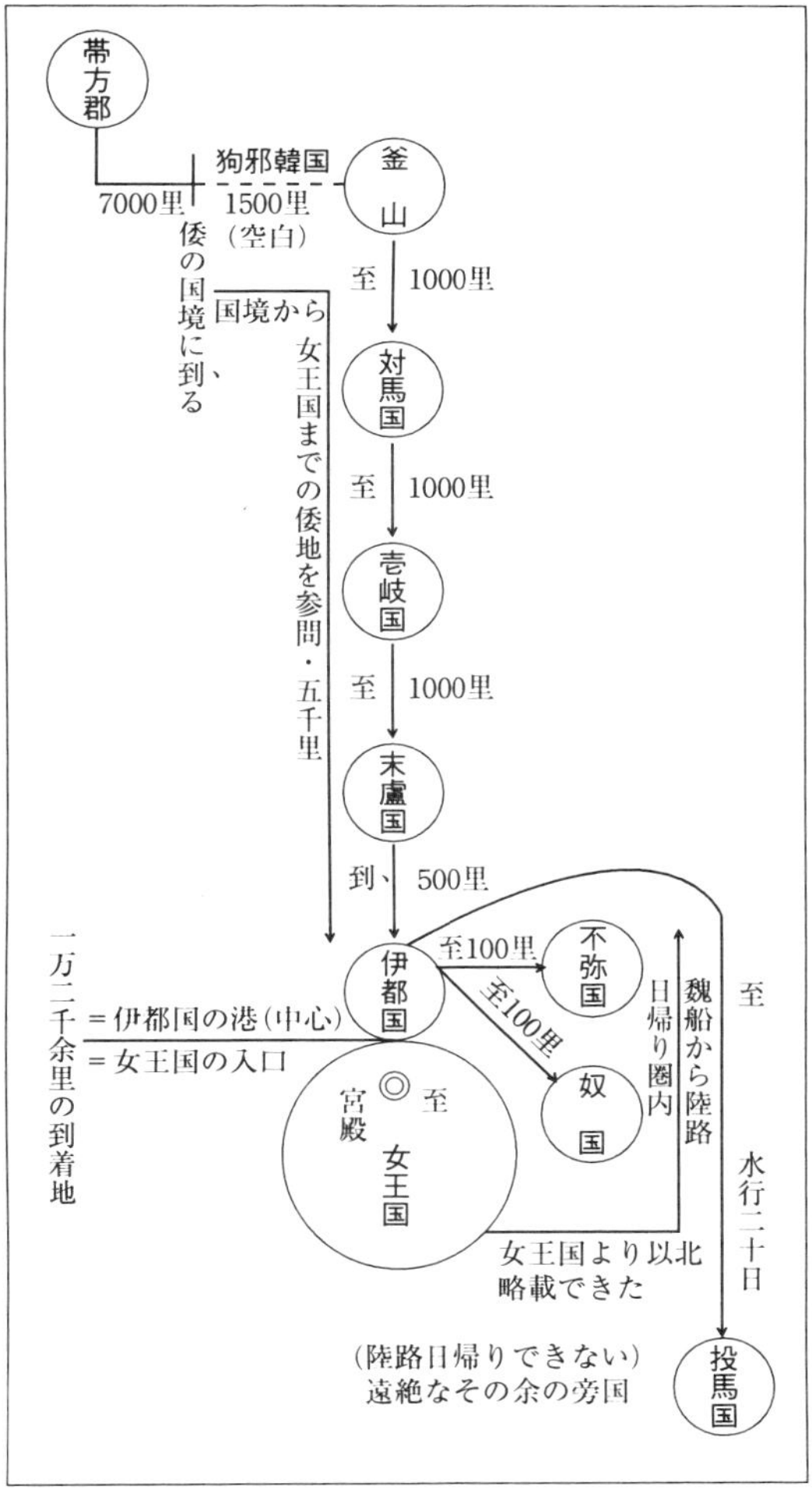

図10：「放射線式解読法」で読む魏使一行の道

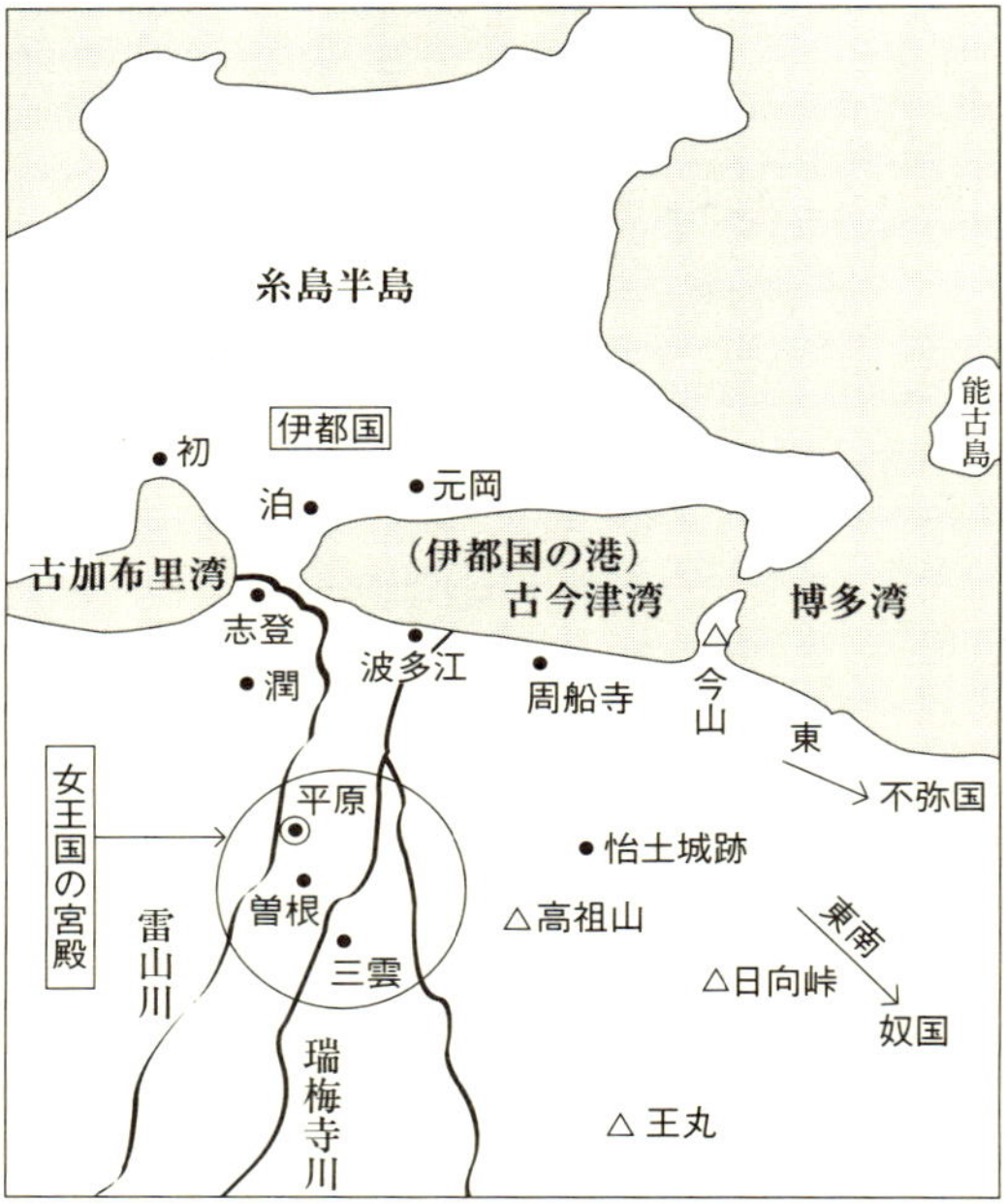

図11：伊都国と邪馬台国の領域

に邪馬台国との国境《くにざかい》があったということである（図11参照）。

一万二千余里の到着地は、女王国の入口である。しかし、そこから女王の宮殿までの距離が書かれていない。もし、そこから宮殿までに相応の距離があれば、当然書いていたはずである。それが書かれなかったということは、その間の距離も書くほどではなかったということであろう。

陳寿の東夷伝の書き順をみると、次のようになる。

①国境・道里
②首都（首都が二番目に記されたのは、「高句麗伝」と「倭人伝」のみ）
③面積
④世帯数

この書き順からみて、「倭人伝」の「（伊都国の）南、邪馬台国に至る。女王の都する所。水行十日、陸行一月」は、「高句麗伝」と同じ書き順になっている。そうすると、国境（行路）記述の後に「首都」が書かれたことになる。ならば、邪馬台国への行路記述は、「南、邪馬台国に至る」で終えていることになる。もし、伊都国から女王国までに相応の距離があったなら、「南、邪馬台国に至る。水行十日、陸行一月。女王の都する所」と書いたのではなかろうか。

このことから、伊都国から邪馬台国までの距離や日数は、一切記されていないことになる。それは、その間にはほとんど「書くだけの距離がなかった」ためであろう。

伊都国の港が一万二千余里の到着地であった。それは、そのすぐ南に邪馬台国（女王国）との境界（入口）があったことを意味している。伊都国と邪馬台国は、隣接していたのだ。

そして、このようなさまざまな条件を満たすのは、今のところ前原の曽根丘陵しかない。

糸島は、弥生時代を語るときに、避けては通れない弥生遺跡の宝庫であり、弥生銀座と比喩されるほどの場所である。なにしろ、日本でここほど弥生の王墓の密集しているところはない。

その多くの弥生遺跡の中でも、曽根丘陵にある平原遺跡は、卑弥呼の墓としての資質を十分に備えていて、そのもっとも有力な候補となり得る。

平原遺跡と卑弥呼の鏡

平原遺跡の年代は、最近の調査では弥生後期後半—終末期（三世紀）頃のものとされている。弥生全時代を通じても、日本最多（四十面）、世界最大の鏡（五面）を持ち、その鏡の形式も後漢後期以降の特徴（同笵鏡や紋様・銘文の退化現象）を持っていることなどから、卑弥呼の時代の墓である可能性は高いと思う。後漢後期の形式の鏡を一カ所からこれほど大量（三十四面）に出土するのはここ以外にはなく、他は一枚もしくは破砕鏡であるという。

もっとも最近の調査報告（柳田康雄氏）によると、その多くが国産鏡の可能性が高いという。しかし、仮にそうであったとしても、この地には世界最大の超大型鏡五面をはじめ、多くの国産鏡を製作する技術があったことになるから、ここには相当強大な権力者がいたことになり、かえって、この平原遺跡の歴史的価値は高まることになるのではなかろうか。

さらに、ここからは三種の神器（剣・鏡・玉）のすべてが出土している。まさしく平原遺跡は、「親魏倭王・卑弥呼」の墓にもっともふさわしいように思える。この点については、のちに章を改めて、もう少し触れてみたい（二一〇頁参照）。

さて、ここまでの文献上の考証から得た私の結論は、「邪馬台国は糸島にあった」ということである。そして、また、そこには卑弥呼の墓にもっともふさわしい「平原遺跡」がある。

ここにおいてはじめて、九州説で「文献と考古が一致した」と思うが、いかがであろうか。

伊都国から邪馬台国への道

さて、ここで、倭国の「道路」について少し考えてみよう。

最近、吉野ケ里にも匹敵する規模を持つ壱岐の原《はる》の辻《つじ》遺跡（約二五ヘクタール）で、その中心地から港（内海湾）に続く道（幅約四メートル、長さ約一キロ）が発見された。このことから、三世紀当時の倭国には、すでに整備された道路（官道）があったことが証明された。

当時の倭国に道路があったことは、「倭人伝」の次の記述によっても知られている。

下戸《げこ》と大人《たいじん》、道路に相逢えば、逡巡《しゅんじゅん》し草に入り、辞を伝え、事を説くに、云々。

ここの描写は、魏の記録官が実際に見聞したものであろう。じつに真に迫っている。おそらく、魏使らの身辺警護のために随行した一大率（大人）と庶民（下戸）とのやりとりを、道路で見て記録したものではなかろうか。この一大率の役割については、後に詳述する（九四頁参照）。

ここでいう道路とは、壱岐の原の辻遺跡の発掘例からみて、伊都国の港から邪馬台国の宮殿へと続く道路（官道）のことだったのではなかろうか。

また、壱岐の原の辻遺跡は、丘陵地上にその中心集落がある。平原遺跡も丘陵地（曽根丘陵）にあり、眼前に伊都国の港（古今津湾）があった。ここにも共通点がある。

伊都国の港に常駐していた魏使らは、この道路を歩いて、丘陵にあった卑弥呼の宮殿に赴いていたのではなかろうか。また、それほどに、伊都国の港から卑弥呼の宮殿は至近距離にあったのである。魏使と卑弥呼は、お互いの位置を、それぞれが自らの目で確認できていたと思われる。

魏使が伊都国の港に常駐していたというのも、そこに真の理由があったと思われる。常駐していて任務が遂行できたのは、伊都国と邪馬台国が、このような位置関係にあったためであろう。

今後、この間の発掘調査が実施されれば、おそらく道路（官道）が発見されるであろうことを、ここに予見しておきたい。

女王と女王国

陳寿の使い分けの意図

「倭人伝」には、女王と女王国という表記がしばしばみられる。これは、ふつうに考えれば、卑弥呼（女王）と邪馬台国（女王国）のことを指していると思われる。

ところが、邪馬台国（女王国）については、三十国すべての総称名とする考えや、安本美典氏などのように、倭国三十国の中で卑弥呼を盟主と仰ぐ一部の国々の連合体が邪馬台国であるとする見解などもある。そう主張する根拠は、邪馬台国の戸数にあるという。「倭人伝」には、邪馬台国の戸数は七万戸とあるが、これを倭国全体の戸数や一部の連合体の戸数というのである。

たとえば、『晋書』（四夷伝）に、「魏の時に至り、三十国有りて通好す。戸七万有り」とある。これから、「倭人伝」にある邪馬台国七万戸とは、倭国全体の戸数のことであろうと主張するのである。

あるいは、安本氏は、まず投馬国（五万戸）について、投馬《つま》国とは女王国の東にある「東《あづま》の国」という意味であり、東にあった国々の総称名であろうとして、その総戸数が五万戸であったという見解を示している。そして、邪馬台国については、先の投馬国（東の国々）と同じように、今度はそれを筑後川流域沿いの国々の連合体の総称名ではないかとし、その総戸数を七万戸としている。

しかも、「女王国より以北」には、女王国は含まれないというのである（以上、『卑弥呼は日本語を話したか』より要約）。

私は、これらの考え方を否定する。

なぜなら、「倭人伝」には、「女王国より以北、其の戸数・道里、略載するを得るも、其の余の旁国、遠絶にして、詳らかにするを得ず」と明記されているからだ。これはどう読んでも、女王国より以北の国々の戸数（人口）と道里（距離）は書けたが、その他の国々は遠くて戸数や距離は分からなかったといっている。ならばどうして全体の戸数が七万戸と分かったのであろうか。

また、安本氏のように、女王国が「女王国より以北」に含まれないというのであれば、女王国自体が「其の余の旁国」になってしまう。其の余の旁国の戸数と道里は、「詳らかにできない」と明記されている。それがどうして七万戸と分かったのであろうか。このような考え方には、矛盾が多すぎる。

東夷伝の中で国土の面積と全世帯数の両方とも書かれていないのは、「挹婁伝」と「倭人伝」だけであるが、その理由を陳寿は次のように述べている（尚、「沃沮伝」、「濊伝」にも面積の記載がない）。

○其の北、未だ極まる所を知らず。（「掲婁伝」）

○其の余の旁国、遠絶にして、詳らかにするを得ず。（「倭人伝」）

このように、全土の面積や人口（戸数）が書けない理由が明記されている。これを無視して、勝手に様々な解釈を用いることは許されない。陳寿は、分からないことは分からないとしているのであるから、このような真摯な執筆姿勢こそもっと評価されるべきである。

また、「自女王国以北」の以北に女王国が含まれるか否か。これについては孫栄健氏が、「女王国もその指示範囲（自－以北）に含まれる」ことを、次のように論証している。

自□□以北の用法

後漢の許慎《きょしん》が紀元一〇〇年頃に編纂した漢字の宝典ともいうべき『説文解字《ぜいもん》』（当然に陳寿の机上にもあったはずだ）の解説では、「以」の字義は「用也」とある。用いることを「指事《さししめす》」ことと説明される。これを要約すると「自＋以北」の場合に、その文の指示範囲に□□を含み、その基点として強調するのが字義なのである。

たとえば「□□より、□□をもって、□□により、□□のゆえ」のように、その原因・基点・根拠を示す用法だ。

したがって「A以北」の場合も、Aはその文の基点を指示するわけだから、当然に文の内容の範囲に含まれることになる。

次に「自」の字義について『説文解字』は「鼻也」とし、始めを表わす字と説明している。用い方は「□□より、□□から、□□よりする、□□によって」などである。これも「以」と同じく、述語動詞や形容詞の叙述の基点を示す。

これを知れば「自」と「以」の組み合わせである「自□□以北」の用法が、文の内容に□□を含むことは、もはや明らかであろう。それどころか「自」と「以」で、□□を二重に強調しているのである。

（孫栄健著『邪馬台国の全解決』）

孫氏は、『三国志』の「自□□以北・東・南・西」の全用例を考証し、そのすべてにおいて、□□を含むことを立証しているが、私もこの考え方は正しいと考える。

たとえば、「自郡至女王国万二千余里」の「自郡《より》」に郡（帯方郡治）を含むか否か。これは誰がみても「含む」と考えるはずである。郡は万二千余里の始発点として記されているのだ。

また、「魏書」（后妃伝）にある次のふたつの記事を比較・検証してみよう。

イ　太祖（曹操）、建国するに、始めて王后を命ず。「其（王后）下、五等」。

①夫人有り。②昭儀有り。③倢伃有り。④容華有り。⑤美人有り。

ロ　（明帝）「自夫人以下」、爵《しゃく》、凡そ十二等。

①②貴嬪・夫人（同格）。位は皇后に次ぎ、爵は視《なぞ》らえる所なし。③淑妃。位は相国（宰相）に視らえ、爵は諸侯王に比す。④淑嬪。⑤昭儀。⑥昭華。⑦脩容。⑧脩儀。⑨倢伃。

⑩容華。⑪美人。⑫良人。（④～⑫は、爵名のみ記載）

このように、イとロを比較すれば分かるように、「其下五等」に王后は含まれていない。また、「自夫人以下」には夫人が含まれている。だから、イ・ロはそれぞれ数が合うのである。つまり、「其（□□）下」と「自□□以下」では、□□を含まない、含むという筆法の違いがあるのだ。

以上のことから、「自女王国以北」には、女王国も含まれているのである。

さて、ここでの問題は、その「女王国」の意味にある。本来、女王国とは邪馬台国そのものであり、その邪馬台国とは倭三十国の中の一国のはずである。ところが陳寿が邪馬台国と書くのは、たった一カ所だけで、それ以外はすべて女王国と表記する。これにも何か意味があるように思える。その理由について、以下、私の考えを述べる。

伊都国と女王国、狗奴国「男王」と「女王」の関係

①東南、陸行五百里、伊都国に到る。……世に王有るも、皆女王国に統属す。
②南、邪馬台（壹）国に至る。女王の都する所。
③女王国より以北、其の戸数・道里、略載するを得るも、云々
④次に烏奴国有り。次に奴国有り。此、女王の境界の尽きる所。
⑤其の南、狗奴国有り。……女王に属さず。
⑥郡より女王国に至るには、万二千余里。

⑦女王国より以北、特に一大率を置き、諸国を検察す。
⑧伝送の文書、賜遣之物、女王に詣るに、差錯《ささつ》（不正）するを得ざらしむ。
⑨女王国の東、海を渡る千余里。復、国有り、皆倭種。
⑩又、侏儒国有り。其の南に在り。人長三四尺。女王を去る四千余里。
⑪倭の女王卑弥呼と狗奴国の男王卑弥弓呼、素より不和。

右は、「倭人伝」から「女王」と「女王国」の記述の個所を抜粋したものである。これをみると、陳寿が巧みに女王と女王国を使い分けしていることが分かる。女王が卑弥呼自身のことであったり、卑弥呼のいた中心地（宮殿）のことであったりする。また、女王国は邪馬台国（三十国の一国）そのものや、その領域全体のことを指しているようである。

しかし、なぜ女王国については邪馬台国とせずに、そのほとんどを女王国と記すのであろうか。邪馬台国の表記は、たったの一度しかない。

私は、これが陳寿の筆法だと考える。

「玄菟《げんと》」（郡治・中心）――「玄菟郡」（郡全体）
「遼東」（郡治・中心）――「遼東郡」（郡全体）
「女王」（宮殿・中心）――「女王国」（邪馬台国全体）

東夷伝をみると、「遼東」と「遼東郡」、「玄菟」と「玄菟郡」などの書き分けがみられる。「遼東」や「玄菟」の場合は、「郡治（中心）」を意味し、「遼東郡」や「玄菟郡」の場合は、「郡全体」を意味している。これと同じように、「女王」は「中心地（宮殿）」、「女王国」は「邪馬台国全体」を意味していると考えられる。

また、「女王」と「邪馬台国」とでは文章のリズムが損なわれるという一面もある。そこで、あえて「女王」と「女王国」を対比させ、文章のリズムを整えているのではなかろうか。

このような見方をすると、「女王」と「女王国」とが実に巧みに書き分けされていることに気付く。以下、先にあげた例の原文をもとに、それを整理してみよう。

①（伊都国）世有王、皆統属、女王国

⑤（狗奴国）男王、……不属、女王

これは伊都国と狗奴国の記述であるが、いずれも邪馬台国や卑弥呼との関係が記されている。こうして原文で並べてみると、伊都国が女王国に「従った」のに対して、狗奴国の男王が女王に「従わなかった」ということが鮮明に分かる。

松本清張氏など一部の研究者らは、これを「伊都国が女王国を統属した」と読み、伊都国の強大さや優位性をことさらに強調する。しかし、これは明らかに間違いである。それは、狗奴国の記述にある「不属、女王」が、どうみても「女王を不属」とは読めないからだ。ここは、それぞれ「女王国に統属」と「女王に不属」と読むべきものである。それぞれ主語は、「女王国」と「女王」なのである。陳寿は、それぞれの関係を対照的に記しているのだ。

おもしろいのは、伊都国の歴代の王たちが、皆、女王国に統属（従属）していたとあるのに、狗奴国は、女王国（邪馬台国）ではなく、女王（卑弥呼）に属さないと書かれていることだ。

この書き分けを、私は実に見事だと思う。

この場合、女王国と伊都国の王たちとの関係が「過去」のこととして書かれている。「倭人伝」の卑弥呼の時代、伊都国にはもはや国王は存在していなかった。ということは、「世に王有るも、皆、女王国に統属す」とは、主に卑弥呼以前の邪馬台国と伊都国が特別な関係にあったことを述べていることになる。

これについては、范曄《はんよう》撰『後漢書』（「倭国伝」）をみると、より鮮明になる。

（前漢）武帝、朝鮮を滅してより、漢に於いて通じる者、三十余国。
国、皆、王を称し、世世伝統す。　（『後漢書』「倭国伝」）

右文と先の文から、伊都国と女王国との関係が、当時三十余国あった倭国の中でも特別な関係にあったことが分かる。

なぜなら右の文には、三十余国では支配者が「皆、王を称し、代々伝統（世襲）した」と書かれている。そうすると、当然その内の一国であった邪馬台国や伊都国にもそれぞれ「国王」がいたことになる。ところが陳寿は、その中で伊都国の王だけが邪馬台国に統属していたというのである。つまり、三十余国あった中で、邪馬台国と伊都国が昔から特別な関係にあったことをいわんとしているのである。

ここで重要なのは、ここの女王国が卑弥呼の時代の邪馬台国のことではなく、それ以前の邪馬台国を意味していることである。

つまり、「世に王有るも、皆、女王国に統属す」というのは、卑弥呼誕生の前からこの二カ国が特別な関係にあったことを意味していて、また、その関係が過去から今に至るまで継続していることを示唆しているのである。

さらに、卑弥呼以前の時代を述べているのに、邪馬台国とせず「女王国」としているのをみると、やはり「女王国」が邪馬台国一国を指していることが分かる。なぜなら、女王国や邪馬台国が倭国三十国の総称なら、卑弥呼が倭王に共立される以前からすでに倭国が統一されていたことになり、「国、皆、王を称し、世世伝統す」の記述と矛盾してしまうからだ。倭国が統一をみるのは、後漢末に卑弥呼が登場してからのことである。それまでの邪馬台国は、他の国々同様、倭の三十国の内の一国にすぎなかったのだ。

したがって、国々に国王がいた時点でいう「女王国」とは、倭国全体のことではなく、その中の一国である「邪馬台国」のことをいっていることになるはずだ。ここから、陳寿のいう「女王国」とは、すなわち「邪馬台国」一国のことを指すと結論できるのである。

次に、狗奴国の記述「不属、女王」の一文を考えてみよう。

ここでは、なぜか女王国ではなく「女王」となっている。先に述べたように、伊都国は昔から邪馬台国（女王国）に従っていた。しかし、狗奴国と邪馬台国との関係はそうではなかった。力関係は不明であるが、おそらく対等な立場であったものと思われる。

ところが、倭国はやがて戦乱の世になっていく。

桓・霊の間（一四七－一八九）、倭国大乱。更《こもごも》相攻伐し、歴年主無し。一女子有り。名を卑弥呼と曰う。年長ずるも嫁せず。鬼神道に事《つか》え、能《よ》く妖を以て衆を惑わす。是に於いて、共に立てて王と為す。

（『後漢書』倭国伝）

其の国、本《もと》、亦男子を以て王と為し、住《とど》まること七八十年。倭国乱れ、相攻伐すること歴年。乃ち、共に一女子を立てて王と為す。名を卑弥呼と曰う。

（『三国志』倭人伝）

右のように、邪馬台国の卑弥呼が「倭王」に推挙（諸国王による共立）され、ついに三十国の頂点に立った。これ以降、倭の三十国から「国王」が姿を消すことになる。この時点で、かの伊都国王もいなくなったのである。倭の国王は、皆「官」になった。

ところが、このとき、その卑弥呼の倭王を承認しなかった者がいた。それが狗奴国の男王・卑弥弓呼である。彼は、邪馬台国一国に反旗を翻したのではなく、倭国の王となった「倭王・卑弥呼」に従属しなかった（不属）のである。その状況を陳寿は次のように説明している。

倭の女王卑弥呼と狗奴国の男王卑弥弓呼、素より和せず（素不和）。

ここの「素《もと》より」がいつからのことかが問題だが、おそらく諸国が卑弥呼を共立して倭王に立てた時点を指すものと思われる。この時点で倭国三十国から国王がいなくなった。しかし、狗奴国の卑弥弓呼だけは、いまだに「王」を称していたというのだ。

それは、彼だけが倭諸国による卑弥呼の倭王共立を認めなかったからだ。したがって、陳寿は、ここで男王の不和の相手を「邪馬台国」や「女王国」という一国とはせずに、倭国の盟主になった「倭の女王と不和」とするのである。

范曄は、後漢代の倭国を三十余国と記しているのに、陳寿は、今（執筆時点）倭国で使訳が通じる国は、きっちり三十国と記す。このわずかな差である「余国」の代表的な国が狗奴国であろうし、この両者の微妙な記述上の食い違いこそ、「時代の差」を端的に表したものと思われる（図12参照）。尚、この時点で伊都国などは皆「女王に統属」していた。

以上によって、陳寿が「女王」と「女王国」の表記について、きちんと意味ある使い分けをしていることが判明したのである。

そして、このことが従来の定説を覆す結果となる。それは伊都国に対する認識である。

伊都国の重要性

従来から伊都国には強力な軍事力や権威があったかのようにいわれてきた。ややもすると邪馬

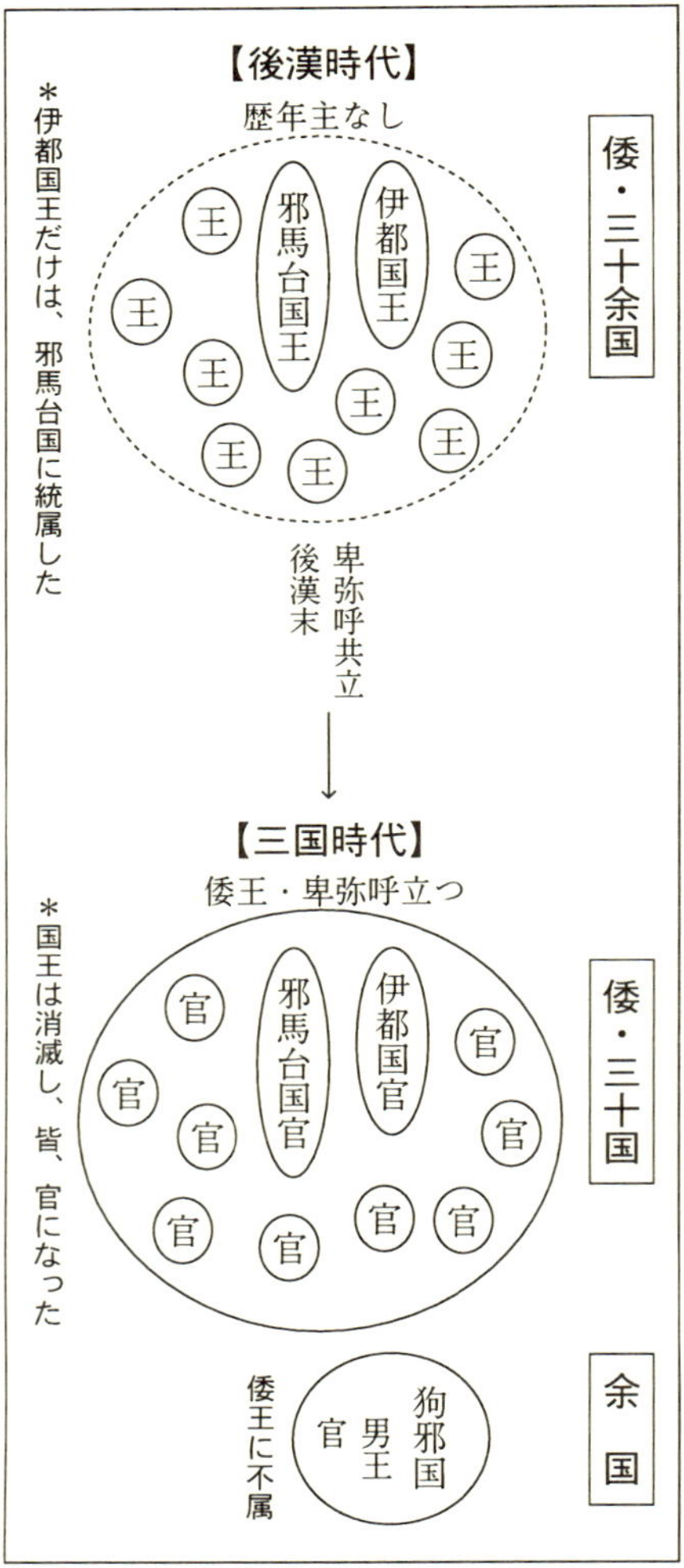

図12：倭国をはずれた余国

台国より強大な権力を持っていたなどと論断する専門家も多くいる。そのほとんどが先の「世に王有り」の一文からそのように解釈するのだ。

しかし、ここまでの検証で明らかになったように、先の一文からは、とてもそのような意図を汲み取ることはできない。

もちろん私は、伊都国の重要性を否定するものではない。むしろ、邪馬台国との特別な関係が判明した今、その重要性はますます強調すべきであると考える。しかし、それは邪馬台国との力関係（軍事力）においてではなく、位置的関係や歴史的繋がりにおいてという意味である。

邪馬台国は七万戸、伊都国は千戸、この世帯数の比較だけをみても、伊都国に対する邪馬台国の優位性は揺るぎないものがある。ましてや、倭王が都としていたのは邪馬台国であり、伊都国の歴代の王たちは、その邪馬台国に代々従属してきていたのである。

先の「世有王、皆統属、女王国」の一文は、「伊都国にも世々王がいたが、彼らは他の国々の王と違って、皆（代々）、女王国（邪馬台国）に統属してきた」と読むべきである。

この一文は、伊都国の強大さを強調するためのものではなく、邪馬台国の優位性や伊都国との特別な関係を述べたものである。今後、伊都国への認識（軍事的過大評価）は改めるべきであり、その重要性は、邪馬台国との位置的関係や代々の従属関係において考えるべきである。

邪馬台国の入口はどこ？

さて、ここまで女王と女王国の違いについて述べてきた。女王とは「中心・宮殿・卑弥呼自身」のことで、女王国とは「邪馬台国全体」を意味する。この認識は、邪馬台国の所在を突き止める上で大変重要な意味をもつ。たとえば次の文を見ていただきたい。

イ　郡より、女王国に至るには、万二千余里。

ロ　又、侏儒国有り、其の南に在り。人長三四尺。女王を去る四千余里。

同じように距離を書いているのに、イは女王国、ロは女王となっている。当然、これには意味の違いがある。

イは「女王国に至る」とあるから、邪馬台国全体を意識している。つまり、その中心に至ったというのではなく、その入口までの距離といっているのである。

それに対して、ロは「女王を去る」とあるので、卑弥呼の居た宮殿、つまり、中心地を去ることと四千余里といっているのだ。

また、次の例を示す。

○女王国より以北、略載するを得。

○女王国より以北、特に一大率を置く。

ここの「女王国以北」も前と同じである。女王国全体の北、つまり、邪馬台国の南界より北という意味になる。これらを図示すると図13のようになる。

このように、女王と女王国の意味を理解すると、万二千余里の到着地点が卑弥呼の宮殿（中心）ではなく、女王国（邪馬台国）の入口だったことが分かる。

つまり、伊都国の出口と邪馬台国の入口は同一地点であり、そこが万二千余里の到着地点となる。また、そこから卑弥呼の宮殿までの距離も書かれていないということは、卑弥呼の宮殿の場所も伊都国の港のすぐ近くにあったということになる。書くほどの距離もないくらい隣接してい

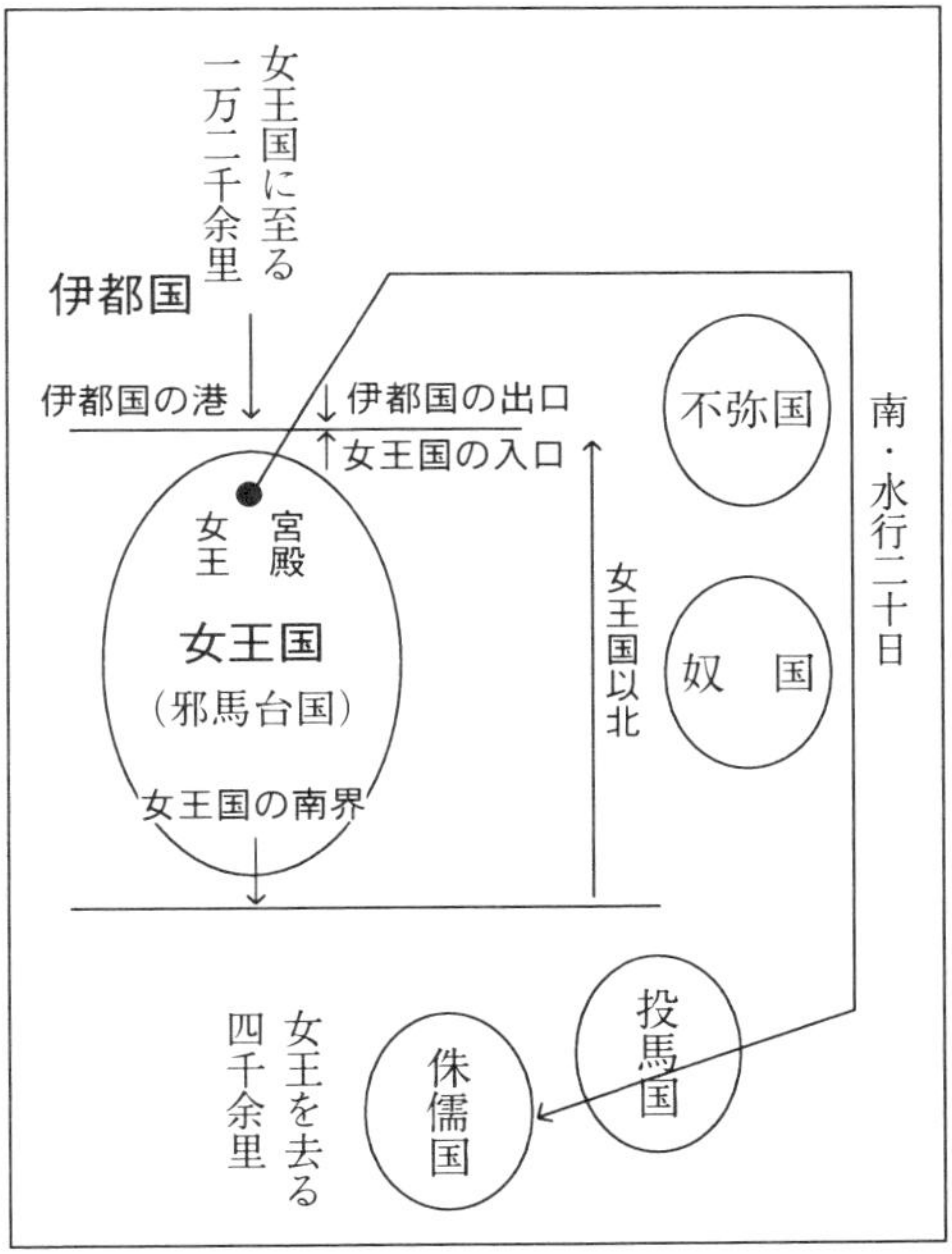

図13：「女王」と「女王国」

たのだ。だから魏使たちは、卑弥呼に謁見するために来ているのに、伊都国に常駐できていたのであろう。

卑弥呼の宮殿は、彼らの目前の丘陵地に厳かに立っていたのである。

女王国より以北とは

ここまでの検証で、女王国が邪馬台国全域を意味していることが明白となった。

そこで、次に伊都国に常駐したという魏使の行動と、伊都国に常治したという一大率について考えてみたい。この問題の鍵を握っているのが、「自女王国以北」の文である。

①自女王国以北、其戸数道里可得略載、其余旁国遠絶……　（原文）

②自女王国以北、特置一大率、検察諸国、諸国畏憚之……　（原文）

「女王国より以北」という表記が「倭人伝」の中に二度出てくるが、これが「倭人伝」の文のリズムを損なっているという批判がある。たしかに、少々不自然な気がしないでもない。他の個所では、似たような表現をする場合でも微妙に表記を変えている。たとえば、

○従郡至倭（郡より倭に至るには）
○自郡至女王国（郡より女王国に至るには）

ここの「従《より》」と「自《より》」は、ほとんど同意で、どちらを使用しても特別な意味はない。しかし、概ね中国の史家は同じ表現を避ける傾向があるので、ここもそうした筆法にのっとっていると考えられる。

では、先の「自女王国以北」の二つの同じ表記は何を意味しているのであろうか。
私は、そこにも陳寿なりのきちんとした理由があると考える。

○中国側の行動範囲：①の「自女王国以北」は、魏使らの行動範囲をいう。
○倭人側の行動範囲：②の「自女王国以北」は、倭の一大率の行動範囲をいう。

なお、ここで②の一大率に関する記述をみてみよう。

女王国より以北、特に一大率を置き、諸国を検察す。諸国之を畏憚《いたん》す。常に伊都国に治す。国中において刺史（州の長官）の如く有り。

王、使を遣わし、京都（洛陽）・帯方郡・諸韓国に詣《いた》らしめ、郡使の倭国に及ぶに、皆、津に臨《のぞ》み、伝送の文書・賜遣《しけん》の物、女王に詣るに、差錯《ささつ》するを得ざらしむ。（皆＝一大率か）

下戸と大人、道路（官道？）に相逢えば、逡巡《しゅんじゅん》し草に入る。辞を伝え事を説くに、或は蹲《うずくま》り、或は跪《ひざまづ》き、両手は地に拠《よ》り、之れ恭敬を為す。対応の声を噫《をを》と曰う。比ぶるに然諾（上位の者が下位の者に承知したという様）の如し。

ここの「刺史の如く有り」や「然諾の如し」などは、魏使が一大率を通して見た「女王国以北」の様子であり、いずれも中国のそれと比較して中国人に分かりやすく説明している。このような記述は他にもいくつか見られる。

○朱丹（赤土）を以て身体に塗る。中国の粉《おしろい》を用いる如くなり。
○已に葬《ほうむ》れば、家を挙げて水中に詣《いた》り藻浴す。以て、（中国の）練沐《れんもく》の如し。
○先ず、卜する所を告ぐ。其の辞、（中国の）令亀の法の如し。

このように、陳寿は、倭人の風俗習慣などを中国と比較して分かりやすく紹介している。

したがって、先の「刺史の如く有り」や「然諾の如し」の表記も、倭の一大率と中国の刺史とを比較していることが分かる。これによって、一大率が倭の役人であることがはっきりするのである。研究者の中には、一大率を魏が派遣した中国の役人とする考え方があるが、これはどう考えても間違いである。

また、②の「自女王国以北」以降の記述が、倭の一大率の立場（任務）を表記したものであることが分かるし、その地位と役割（任務）をよく伝えていると思う。

したがって、①の「自女王国以北」と、②の「自女王国以北」とは、書かれた視点が異なっていることになる。「女王国以北」で行動した魏使（中国側）に対して、同じ「女王国以北」で応じた倭の一大率（倭国側）の行動とを対比させて記述しているようである。

文章のリズムの乱れを覚悟して、あえて「自女王国以北」と二度同じ表記をするのは、おそらく、そのような意味が込められているからではなかろうか。

イ　魏使と一大率の行動範囲は、「女王国より以北」で共通する

○魏　使：女王国より以北、其の戸数・道里、略載するを得。

○一大率：女王国より以北、特に一大率を置く。諸国を検察し、諸国之を畏憚す。

ロ　魏使と一大率の拠点は、いずれも「伊都国」にあった

○魏　使：常に伊都国に駐まる。（常駐）

○一大率：常に伊都国に治す。（常治）

この二つの共通点から、一大率と魏使の行動がぴったりと密着していることが分かる。そして、そこから一大率が魏使らの身辺警護を主目的として、卑弥呼によって「特に置かれた」という可能性が見えてくるのである。

一大率の謎

一大率は、「特に置く」と書かれている。どうしてであろうか。

陳寿は「倭人伝」で、当時の倭国には他にも役人がいたと記している。


国国には市が有る。大倭をして、之を監せしむ。


ここの大倭は「特に置く」とは記されていない。したがって、魏使の来倭（来日）とは関係なく、以前から倭国にあった官職と思われる。

しかし、一大率は、特に置かれたという。この一大率が倭の役人であることは、先に論証した通りであるが、それでは「特に置く」とは、どういう意味なのであろうか。

一つは、特別な任務を負っているという意味が考えられるが、そのとき、それが魏使の倭国訪問と密接に関わっているものと考えられる。

さらに、それが置かれた時期や置かれる場所が特別であったとも考えられる。

たとえば、平成十二年七月、九州・沖縄サミットが行われたが、その際には、特別警備や身辺警護（ＳＰ）の任務を負った警察官が多く配備された。事前の用意周到な検察や検問・警備によって、万が一の不測の事態に備えたのである。これらは、普段はあまり必要のない任務である。もちろん、日常的に訓練はしているのであろうが、やはり今回は特別任務であって、常時そのような警察官やＳＰが日本中に配備されているわけではない。

　今回のサミットは、沖縄でＧ８首脳会議、宮崎で外相会議、福岡で蔵相会議が行われた。この三県は、サミット開催地に決定して以来、一年近くも前から受入れ準備をやってきた。特にテロ対策のための検問や交通規制については、一般市民にも協力を求めていたし、直前にはかなり厳しいチェック体制が敷かれていた。

　これらは、すべて不測の事態に備えるためのものであった。

　しかし、その一方で、外国要人の立ち回らない他の都道府県では、警備の必要はなかったし、ほとんど他人事だった。むしろ、他県の警察官や機動隊員などは、サミット警備のために当該県に応援に行っているくらいである。

　さて、一大率は、女王国より以北の国々だけを検察し、また、その検察を受けた以北の国々は、それを畏憚《いたん》（恐れおののく）したという。なぜ、以北の国々だけが、そんな厳しい検察を受けなければならないのか。

　それは、当時の倭国にとって、中国（魏）が宗主国であり最恵国であったためだ。中国の皇帝から派遣された使者は、もっとも優遇すべき外国要人だった。その魏使らが、伊都国に常駐し、女王国より以北しか訪問しなかったのであるから、当然、特別検察官であった一大率も伊都国に常治して、彼らの立回り先である女王国、及び、それより以北の国々を特に厳しく検察したと思われる。

そして、前に論証したように、女王国より以北には、女王国も含まれる。その場合、一大率の検察は、女王国内においても実行されていたと考えられる。最高権力者（卑弥呼）のお膝元においても、厳しい検察を実行できるという職権は、やはり通常の職務の者ではなく、要人警護という特別任務に付いた者に与えられたと考えてよいのではなかろうか。

今回のサミットの警備や警護にあたったＳＰや警察官らは、特別な時期に、特別な場所で、特別な任務を負った、特別な役人だった。三世紀の一大率も、現在のサミットにおけるＳＰや警察官と同様の任務を負っていたと考えられる。一大率の行動した範囲が、魏使の行動とぴったりと一致（密着）していることからみても、その可能性は高いと思う。

私は、一大率が「特に置かれた」理由は、魏使の身辺警護のためだったと結論する。

また、「倭人伝」には、「伝送の文書・賜遺の物、女王に詣《いた》るに、差錯（不正）するを得ざらしむ」ともあるから、これも一大率の任務の中にあったものと思われる。おそらく一大率は、魏や帯方郡、及び諸外国から、卑弥呼へ送られてくる荷物や書類などの厳しいチェックも行っていたのではなかろうか。

一方、女王国より以北でない其の余の傍らの国々は、魏使らが立ち寄らなかったために、その厳しい検察を受けることもなく、ほとんど他人事だったのである。

倭国の礼儀

一大率は、倭が魏と通行することが決まってから、卑弥呼が「特に置いた」役人だった。しかも、魏使がはじめて倭国へ来た魏の正始元年（二四〇）には、すでに配備されていたと推察される。それは、陳寿が東夷伝の序文で、次のように述べているからだ。

夷狄《いてき》の邦と雖《いえど》も、俎豆《そとう》の象存《しょう》す。

「俎豆」とは、本来は祭器に盛られたお供え物や食器のことであるが、「俎豆の象」で、「もてなし」や「礼儀」、「作法」を意味する。

陳寿は、その序文の後半において、前文のように、中国以外の夷狄の民族とはいっても、中には礼儀を知った国もあるぞ、といって謎をかけているのである。

ただ、東夷伝序文のこの段階では、それがいったい東夷のどの国のことを指しているのかがよく分からない。しかし、この一文の前に、「長老説くに、異面の人有り。日の出《いず》る所に近し（倭国か）」という文があって、ここですでに思わせぶりな書き方をしている。したがって、この一文はそれを受けていると思われるのだが、まだこの段階ではそうとは断定できない。

しかし、「倭人伝」を読んだとき、はじめて当時の読者は、この一文の意味を知ることになる。やはり、これは倭人の国のことをいっていたのである。なぜかといえば、「倭人伝」以外の東夷の国の記述には、どうみても「俎豆の象存す」とまで評せるような事柄が書かれた国がないからである。「倭人伝」には、それに相当すると思われる記録があった。それが、ここの「一大率」

関連の記事である。

西暦二四〇年、魏使らははじめて未知の倭国を訪ねた。その訪問は皇帝の命令によるものであり、卑弥呼に謁見し、皇帝の詔書や下賜品を直接渡すという重大な任務を負っていた。しかし、何といっても相手は未知の国である。おそらく彼らにも不安はあったと思う。

ところが、実際に倭国を訪ねてみると、女王の卑弥呼が一大率という特別検察官を置いて、下賜品のチェックをはじめ、彼らの身辺警護までしてくれたのである。

もちろん、彼らがやって来る際には、魏船の水先案内も務めていたものと思われる。倭人の水先案内なしには、これほど的確に訪問はできなかったのではなかろうか。

しかし、これらは魏使らにとって一種の驚きだったのではなかろうか。いわれて、はじめて警備するのではなく、あらかじめ用意（配備）されていたと思われるからだ。

基本的に魏使らは、みな軍人であったはずだ。外国との交渉事に慣れていた彼らは、いつのときも危機意識をもっていたはずである。ところが、卑弥呼の時代の倭国では、その心配はほとんどなかったのである。

卑弥呼は、あらかじめ一大率という特別検察官（警護官）を特に用意していた。もっとも、これは彼らの来日（倭）がはっきりしていたため準備していたとも考えられるが、「倭人伝」には、魏使らが任務を終えて帰国した後、卑弥呼が次のような行動を取ったと記されている。

正始元年（二四〇）、太守弓遵《きゅうじゅん》、建忠校尉梯儁《ていしゅん》等を遣わし、詔書・印綬を奉じ、倭国に詣《いた》らしむ。倭王に拝仮し、並《なら》びに詔を齎《もた》らし、金・帛《はく》・銀罽《けい》・刀・鏡・采物を賜う。

倭王、使に因りて上表し、恩詔に答謝す。


右文のように、卑弥呼は魏の皇帝から恩賞をもらうだけではなく、速やかに中国（洛陽）まで使者を遣わし、わざわざその御礼を述べに行かせている。もらいっぱなしではなく、きちんとお礼を述べる。これはまさに、当時にあっても礼儀正しい行為だったといえるのではなかろうか。

おそらく、これらのことを評して「夷狄の邦と雖も、俎豆の象存す」と、陳寿はいっているのだと思う。ここまでの検証によって、この「夷狄の邦」が倭国を指していることはまず間違いないと思う。やはり、卑弥呼の時代の倭国には、「俎豆の象（礼儀）」があったのである。

したがって、卑弥呼が伊都国に「特に一大率を置く」のは、魏使ら外国要人を「礼」をもって迎えるためであったと私は考える。

そして、「一大率」は、伊都国の役人ではなく、卑弥呼の命令によって伊都国に置かれた卑弥呼直属の特別な役人たち（複数）であったと結論する。

魏使は、「女王国より以北」しか歩かなかった

ここまでの論証によって、倭の一大率と魏使らの行動が、ぴったりと密着していたことが分かった。

そして、その魏使らは、常駐していた伊都国の港からほとんど離れていない。それは、彼らの目的地であった卑弥呼の宮室（宮殿）が、港のすぐ近くにあったからである。停泊していた伊都国の港から卑弥呼のもとへは、毎日でも通勤できていたのだ。

しかし、それほど遠くにあったとは思えない其の余の旁国を、なぜ訪問しなかったのであろうか。女王国より以北の国々は、当然、訪問しているのであるが、魏使らが停泊した伊都国以降については、伊都国と隣接していた邪馬台国と伊都国の近くにあった奴国と不弥国、そして、伊都国の南、水行二十日の所にあった投馬国の四カ国しか直接訪問した形跡がない。これも少々不思議に思える。

したがって、以降、魏使の行動範囲について、もう少し考えてみよう。

また、その魏使が訪問したと思われる「投馬国《つま》」の記述にも少々矛盾がみられるので、まずは、その「投馬国」について触れておきたい。

「投馬国」は、「女王国より以北」の国ではない

南、投馬国に至る。水行二十日。……南、邪馬台国に至る。女王の都する所。水行十日、陸行一月。……女王国より以北、其の戸数・道里、略載するを得るも、其の余の旁国、遠絶にして、詳らかにするを得ず。

この書き方をみるかぎり、どうも「投馬国」が伊都国や邪馬台国の近くにあったとは思えない。しかも、「女王国より以北」にあったとも思えず、やはり「以南」にあったようにみえる。そこで近畿説のように、南・水行二十日を東・水行二十日に恣意的に読み変えるようでは、この問題は解決しない。

それにしても、邪馬台国より前に記されたこの「投馬国」が、なぜ「以北」にあったようにみえないのであろうか。それは、ここが「南・水行二十日」となっているからである。この文から推察するなら、「投馬国」はどう見ても、伊都国（前原）から南へかなり離れた場所、今の宮崎県か鹿児島県辺りにあったと思われる。やはり、「投馬国」は、「女王国より以南」にあったとみるのが自然である。

そこで、ここの一連の記述をもう一度よく見てみると、この一文が微妙な表現になっていることが分かる。

女王国より以北、其の戸数・道里、略載するを得。

ここには、略載できたのが「戸数」と「道里」となっている。「戸数」とは、「戸口の数（世帯数）」、つまり「人口」のことである。また、「道里」とは、「二定点間の道程《みちのり》」、つまり「距離」のことである。

しかし、「投馬国」の記述には、よくみると「距離」は書かれていない。記録されたのは「日数」の「水行二十日」だけである。

言葉の定義からいえば、「距離」と「日数」では、明らかにその意味が異なる。中国人の「距離」と「日数」に対する認識は、六三六年成立の魏徴ら撰『隋書』（俀国伝）の中にみえている。

夷人（ここでは倭人を指す）、里数を知らず。但《ただ》、日を以て計る。

七世紀以前の倭人が、本当に「距離」の測り方を知らなかったのかどうか、それはよく分からないが、少なくとも『隋書』はそう記している。やはり、距離と日数は異なるのだ。

そうすると「投馬国」への行路記述は、「里数」ではなく「日数」で書かれているから、厳密にいえば「投馬国」は、「女王国より以北、其の戸数・道里、略載するを得」と書かれた「以北の国々」の中に含まれていないことになる。

なぜ、「投馬国」の記述には、「距離」ではなく「日数」が記されたのか。

実は、ここに陳寿の苦心があったのではなかろうか。ここで「距離」を書いてしまうと、実際は「女王国より以南」に在る「投馬国」が、「女王国より以北」に該当してしまうからである。

当然、当時の魏使の記録には、「投馬国」への「距離」も記されていたと思う。

しかし、陳寿は、その「道里《みちのり》」の記録を捨てて、ここはあえて「日数」を採録したものと思われる。そう推測させるのが「侏儒国」への行路記録である。

女王国の東、海を渡る千余里。復、国有り。皆倭種。又、侏儒国《しゆじゆ》（小人の意）有り。其の南に在り。人の長《たけ》三四尺（一メートル弱）。女王を去る四千余里。

ここの「四千余里」は、中国人が測定したものである。なぜなら、倭人は「里数」を知らなかったはずだ。当然、ここは魏使らの実測によったのであろう。

問題は、ここの「其の南」の「其の」がどこを指しているかである。ふつうは、その直前の「皆倭種」を受けていると考えられているが、私は、さらにその前にある「女王国」を受けているのではないかと考える。なぜなら、侏儒国への距離が「女王を去る」と明記されているからだ。ここでは、女王（中心）から侏儒国（入口）までの距離が書かれている。

つまり、「国境記述法」と同じ描写である。もし、ここの「其の」が「女王国」を受けているとするなら、この侏儒国は投馬国と同様、女王国の南にあったということになる。侏儒国は、投馬国の先にあった可能性がある。そして、魏使らは投馬国を訪問している。そのとき、その先にある侏儒国の情報を得ていたのではなかろうか。そこで、その境界までの距離を測定した。こう考えればつじつまが合う。

投馬国の先に侏儒国があり、侏儒国の入口までの距離（四千余里）が測定できていたのであるから、当然、その前にある投馬国までの距離も知っていたと考えなければ話が合わない。ただ、魏使らは侏儒国の境界までの距離は実測したと考えるが、直接訪問はしていないと思う。「人長三四尺」などの情報は、おそらく投馬国から得たと思われる。

その理由は、「侏儒」が表意文字によって表記されているからだ。侏儒国の人たちが、自分から小人を意味する中国語の「侏儒」を自称したとは考えられない。当然、これは中国側の認識による表記であろう。「侏儒」は、倭の三十国の倭人語をうつした国名とは明らかに異なっている。

これは、「船行一年にて至るべし」と書かれた「裸国・黒歯国」についても同様である。「至るべし」とは、「そうなるはずだ」という意味で、実測したとはかぎらない。

『後漢書』の范曄も、ここを「使訳伝える所、此に於いて極まるかな」と書いている。「通訳からの伝聞」というのであるから、「倭種の国」以下、距離以外の情報は基本的に伝聞によったと考えられる（伝聞の内容の真偽には、少々怪しい点もある）。

さて、少々横道にそれたが、ここまでの検証からみて、やはり「投馬国」は、「女王国より以北」には含まれていないと考える方が妥当であろう。

魏使は、なぜ、わざわざ「投馬国」を訪問したのか

「女王国より以北」を行動したと思われる魏使らが、なぜ、女王国から遠く南にあったと思われる「投馬国」だけを訪ねたのであろうか。

私は、その理由は、「投馬国」が五万戸の大国だったからだと考える。

東夷伝によれば、中国の強敵であった高句麗は三万戸、夫余は八万戸とある。それと比べても、倭国では、邪馬台国が七万戸、奴国は二万戸、そして「投馬国」だけでも五万戸もあったとある。彼らはおそらくこの大国に興味をもったのであろう。そこで「投馬国」を訪ねたのであろうが、問題は彼らが船で行っていることだ。

「投馬国」は伊都国から遠く離れた国であったから、未知の国での陸地歩行の困難を考えれば、そこまで船で行くのは当然である。

しかし、その途中のどの国にも立ち寄った形跡がなく、まるでひたすらに「投馬国」だけを目指しているようにみえる。せっかく未知の国へ来たのに、其の余の旁国にはまったく目もくれていない。これから推察すると、投馬国訪問は、魏使らが倭国へ到着して以降に思い付いた予定外の行動だったのかもしれない。その彼らを駆り立てたのは、やはり、「投馬国」が五万戸の大国だったからではなかろうか。

じつは、このときの魏使らの行動は、十九世紀の黒船来航事件の際にペリー総督がとった行動と大変よく似ている。

ペリーは一八五三年と翌年の二回、日本を訪ねている。その二回目に、日米和親条約の締結に成功した。彼はその後すぐには戻らず、ずっと停泊していた江戸湾（横浜）から一気に黒船で北海道の箱館（函館）を訪ねている。これは、函館を有力な貿易港の一つと考え、和親条約で開港を要求していたからである。

つまり、本来の目的地である江戸では、横浜の港に停泊して黒船を拠点に行動し、興味をもった遠くの場所（函館）には船で一気に行くのである。これは、ほとんど三世紀の魏使らの取った行動と同じである。

魏使もペリーも、船で行動している。当たり前のようだが、未知の国では、言語や風俗習慣がまったく違う。彼らにとって迂闊に船を離れるのは危険でもあるのだ。

魏使もペリーも軍人であった。当然、彼らは常に軍人としての危機意識をもっている。日本（倭国）訪問は、彼らにとっては軍事行動の一環なのである。その彼らが、自分たちの乗って来た軍船を容易に離れるわけがなく、また、その軍船を起点にして行動するというのも至極当然のことであろう。

このように考えると、三世紀になってはじめて倭国へ来た魏使らが、遠く離れた「投馬国」だけ船で訪問する理由も理解できる。

ただ、「水行二十日」は、魏船にしては少々日数がかかりすぎているようにも思える。もしかすると投馬国への航海は、倭船によったのかもしれない（分隊を組織し、実地探査した？）。

なぜ、魏使らは伊都国周辺でしか行動しなかったのか

魏使らが伊都国周辺でしか行動しなかった理由については、ここまで述べてきたことで、およそ理解いただけたと思うが、今一度整理してみよう。

①魏使らの倭国訪問の最大の目的は、倭王・卑弥呼に謁見することにあったが、このときの魏使らの任務は重大であった。皇帝から、卑弥呼への国書（詔書）・金印、そして多くの下賜品（金や鏡百枚など）が委託されていた。これは重要な外交であり、失敗は許されなかった。このときの彼らの緊張感を汲み取る必要がある。

②その卑弥呼の宮殿は、彼らが停泊（常駐）していた伊都国のすぐ南にあった。したがって、彼らは、自分たちの船からでも卑弥呼のもとへは通勤できていた。

③彼らにとっての倭国は、言語・風俗習慣などが違う未知の国であった。危険が潜む領域にはいたずらに踏み込めない。一大率の警備の付いた「女王国より以北」の安全な領域（国々）

だけで行動したはずである。

④彼らは、当時にあっては間違いなく先進国であった。その先進国の威容は、彼らの乗って来た軍船によって倭人たちには十分示し得たはずである。その大事な軍船を放置して、むやみに倭国内を散策するとは考えられない。当然、彼らは、自分たちの軍船を拠点として行動したはずである。

⑤魏使らは軍人であり、倭国訪問も軍事行動の一環であった。この点から考えても、彼らが迂闊に軍船を離れられないのは当然であろう。現在でも、日本にはアメリカの軍艦が横須賀や佐世保などに寄港することがある。そのとき、米兵たちは非常時でなくとも、軍艦の停泊していた横須賀市や佐世保市を離れることはない。それは、万が一の非常事態に備えなければならないからである。息抜きのために上陸はしても、いつでも緊急招集に応じられるだけの心構えはあるはずだ。そうでなければ、軍人としての任務は遂行できない。軍人には、いつの時代も特別な危機意識が要求される。

以上のことから、私は、魏使らは伊都国の港の周辺しか歩かなかったと考える。

また、それでも十分に任務は達成されたのである。

彼らは、船を離れるにしても、せいぜい伊都国の七－八キロ先にあった奴国と不弥国しか訪問しなかった。それらの国々は、距離から考えても、伊都国から歩いて十分日帰りできる範囲内にあったからである。

なぜ、魏使は伊都国に常駐できていたのか。この意味が分かれば、ここの「一大率」や「女王国より以北」の問題も解決されるはずである。

尚、一八五八年に、アメリカ領事ハリスと徳川幕府との間で締結された「日米修好通商条約（十四カ条）」の中に、ここの問題を考える上で参考になるものがあるので、ここに紹介しておく。

（一）神奈川・長崎・新潟・兵庫の開港と、江戸と大阪での開市。

（二）居留米人の遊歩区域の設定。（開港場の十里四方〈約四〇キロ四方〉

（三）領事裁判権の許容。

ここでハリスは、日本との交渉において、まず自分たちの身の安全とその保障を要求している。これは島国の日本とは違って、積極的に異文化の国と関わってきたアメリカをはじめ、西欧諸国や中国などでは当然のことであったと思われる。いつも危機管理意識を身に付けているのである。しかし、その彼らも、さすがに日本全土における安全保障は要求しなかった。開港させた港の周囲（約四〇キロ四方）だけを遊歩区域（安全保証区域）にするよう要求したのである。当時の日本には、攘夷思想による外国排斥の動きがあったこともあろうが、そうでなくても、未知なる異文化の国での不測の事態を憂慮した上での判断と思われる。

要するに、迂闊に歩けば危ないと思っているのである。事実、条約締結後も生麦事件（英人殺傷）をはじめとして、多くのトラブルが発生した。

言語・風俗習慣の違う異国では、何が起こっても不思議はない。このような危機管理意識は、三世紀の魏使たちにも通じていると思う。彼らは、基本的に伊都国を拠点として、その港の周辺しか歩かなかったし、また彼らが謁見した女王卑弥呼は、彼らのすぐそばにいたのである。

所要日数の意味

「倭人伝」には、二つの所要日数の記事がある。最初の投馬国の記事にみえる所要日数については、すでに述べたとおり距離の代替記録としての意味があった。同じ行路を距離でなく日数で表わし、投馬国が以北の国々でないことを示していたのであった。

もう一つの所要日数の記録は、邪馬台国の個所にある。

（伊都国の）南、邪馬台国に至る。女王の都する所。水行十日、陸行一月。

さて問題は、ここでなぜ道里（距離）が書かれなかったかである。それは、前にも述べたように、書くだけの距離がなかったためである。では水行十日、陸行一月の所要日数はどの行路に要したのかということが問題となる。これを古田武彦氏をはじめとして九州説論者の多くが、始発地の帯方郡から女王国までのことであろうという。

つまり、一万二千余里の総距離を行くのに要した日数であろうと考えるのである。しかし、この場合、水行十日はともかく、陸行一月がどうにもうまくおさまらない。帯方郡から伊都国までの大半を船で来ているのであるから、ほとんど歩く場所がないのだ。そこで古田氏は、有名な「韓国内陸行説」や「島回り読法」を登場させたわけである。

しかし、この説は根本的な誤りが多い。「倭人伝」をどう読んでも、韓国内を歩いたとは読めない。ここではその詳細な批判は割愛するが、この点については拙書『「倭人伝」を読む』を参照いただきたい。

ところで、所要日数問題を考える前に、まず邪馬台国への行路記事がどこまでかということを確認しておかなければならない。これを「水行十日、陸行一月」の記述までとするなら、この所要日数は伊都国から邪馬台国までの距離に相当することになる。

しかし、伊都国と邪馬台国までは、ほとんど距離がなかった。したがって、その間は徒歩でゆっくり日帰りできる程度であって、水行十日、陸行一月もかかるわけがない。

そうすると、邪馬台国への行路記録は、「南、邪馬台国に至る」だけだったということになる。これについては前章でも述べたが（七二頁参照）、ここで今少し検証してみよう。

この書き方は、「高句麗伝」と共通しているようにみえる。

高句麗は、遼東の東・千里に在り。南は朝鮮・濊貊《わいはく》と、東は沃沮《よくそ》と、北は夫余と接す。丸都の下《もと》に都す。方二千里（面積）、戸三万（世帯数）。

「高句麗伝」をみると、①国境、②首都、③面積、④人口の書き順になっている。

そこで、もう一度「倭人伝」の邪馬台国の個所を見てみよう。

南、邪馬台国に至る。女王の都する所。水行十日、陸行一月。官に伊支馬有り、次を弥馬升と曰い、次を弥馬獲支と曰い、次を奴佳鞮と曰う。七万余戸可り。

邪馬台国の個所は、①行路記録、②首都、③所要日数、④官名、⑤人口の順になっている。この書き順は、「倭人伝」の他の国々の記録ともほぼ一致している。

狗邪韓国　①行路（官名・人口・面積不記載）通過したため、行路記述のみ
対馬国　①行路　②官名　③面積　④人口
壱岐国　①行路　②官名　③面積　④人口
末盧国　①行路　②人口（官名と面積不記載）
伊都国　①行路　②官名　③人口（面積不記載）
不弥国　①行路　②官名　③人口（面積不記載）
奴国　①行路　②官名　③人口（面積不記載）
投馬国　①行路　②官名　③人口（面積不記載）
邪馬台国　①行路　②首都　③日数　④官名　⑤人口（面積不記載）
*高句麗　①国境　②首都　③面積　④人口　⑤官名

（不記載項目が散見されるが、その理由は単純に、分からなかったためと思う）

これから見えてくるのは、すべて行路を最初に記し、その後に官名や面積・人口などの順で書いていているということである。

そういう視点から、先の邪馬台国に関する一文を見てみると、行路記録として書かれているのは、「南、邪馬台国に至る」の個所だけのようにみえる。その直後の「女王の都する所」以降は、行路記録ではないのではなかろうか。ということは、「水行十日、陸行一月」は、②の首都の後に書かれているので、やはり伊都国から邪馬台国までの行路のことではなく、まったく違う意味をもって書かれているものと推察される。

仮に、「水行十日、陸行一月」が伊都国から邪馬台国までの所要日数であれば、おそらく、「南、邪馬台国に至る、水行十日、陸行一月。女王の都する所」としていたのではなかろうか。

しかし実際は、「女王の都する所。水行十日、陸行一月」となっているのをみると、やはり、「水行十日、陸行一月」はまったく別の意味があると考えざるを得ない。

東夷伝でその国の首都が明確に書かれたのは、「高句麗伝」と「倭人伝」だけであるが、その書き順がほとんど同じになっているのは先にみた通りである。ならば、やはり邪馬台国への行路記事は、「南、邪馬台国に至る」の部分だけになるように思われる。

それでは、この「水行十日、陸行一月」とは、どういう意味になるのであろうか。

私は、まず所要日数の意味を考えてみた。「防衛白書」として書かれた東夷伝は、原則として、そのすべてが軍事記録となる。軍事上で所要日数の持つ意味を考えると、それはおそらく「軍事費算出」のためと考えられる。もちろんそれが軍事作戦上でも必要であることは間違いないのだが、一番大切なのは食料費計算のためではなかろうか。距離だけでは、食料費の計算は正確さを欠く。やはり、実際に掛かる日数をベースとして計算されるものであろう。

距離や方向で場所を特定し、所要日数で軍事費を算出する。こう考えると整合性があるし、「倭人伝」はそのすべてを満たしているということが分かる。

水行十日、陸行一月は、どこからどこまでか

私は、この所要日数は、女王国から魏晋朝の首都・洛陽までのことであろうと考える。「倭人伝」は、帯方郡から書かれている。しかし、『三国志』は洛陽を中心に書かれていて、常にその視点が洛陽にあることは周知の通りである。

また東夷伝は、遼東・玄菟・楽浪・帯方を始発点に書かれている。しかし、それらは自国の郡であって、当時の中国人にとってはすべて周知の場所であった。したがって、洛陽からその郡への距離・方向は記さなくても誰もが知っていたと考えてよい。

「倭人伝」は、帯方郡からの距離・方向が書かれているが、実際は洛陽から帯方までの距離を知っていたのであるから、当然、洛陽から女王国までの総距離と方向も把握できていたはずである。

しかし、所要日数はどうであろうか。帯方郡からの日数でもよいのかもしれないが、私は、所

要日数は全体を通して記録しておく必要があったと考える。それは、対外的軍事行動が常に洛陽を起点としているからである。

帯方や楽浪などの郡は、防衛を主目的に設置されている。郡が外交の窓口であることは間違いないが、政策はすべて中央（洛陽）の指示による。現に卑弥呼が狗奴国との戦争の窮状を帯方郡に訴え、救援を仰いだところ、それを受けた帯方太守は、すぐに洛陽に赴き指示を受けている。けっして太守が独断で軍隊を倭国に派遣することはない。なぜならそれは越権行為となってしまうからだ。中央の指示を待たずに、自分の判断で軍事行動が取れたのはごく一部の将軍であり、その特権の証《あかし》として斧（鉄鉞《ふえつ》）が皇帝から与えられた（これは主に征討のときなどに皇帝から授かるものである）。

いずれにしても、このように軍事行動は常に洛陽が起点になっていると考えなければならない。帯方郡はあくまでも防衛の拠点であり、外交の窓口なのである。

したがって、洛陽から倭国の首都までの距離と方向が判明したとき、今一つ必要となるのは、洛陽からの総所要日数だったと思われる。そこで、倭の首都の所在を述べたあと、全体の所要日数を記すのではなかろうか。

また、一行路における距離と日数の中国史書における書き方をみると、往路は距離、復路は日数という先例があることが、古田武彦氏の論証にある。

すなわち、「水行十日、陸行一月」を「帯方郡治―邪馬壹国」間の総日程と見なした場合、同じく両区間の里程表記として後述されている、自郡至女王国萬二千餘里、と同一区間を指していることとなる。それでは、このように、同一区間を一方では「里程」、他方では「所要日数」と、二通りの表記をなす例が果たして存在するのか、という疑いである。

これに対し、わたしたちは、陳寿が史書の先例とし、表記の典拠とした漢書西域伝の中に、その直截な例を見出すのである。すなわち、

○（難兜国）西南至罽賓国三百三十里。

○（罽賓国）東北至難兜国九日行。

これは、一方が「西南」、一方が「東北」とあって、方角相応じている点より見ても、両国間の同一ルートを指しているのは当然である。ところが、その同一区間について、一方は「里程」で、一方は「所要日数」で表記されているのである。

（古田武彦著『多元的古代の成立「上」・邪馬壹国の方法』）

さて、古田氏はこのように同一区間において、「距離」と「所要日数」の二通りの表記が存在することを論証された。

往路は「距離」、復路は「所要日数」の先例があった。しかもそれは、陳寿が熟知していた『漢書』であり、『三国志』編纂において大いに参考にしたものである。『三国志』には地理志が立てられていないが、東夷伝は地理志としての体裁を整えている。

したがって陳寿が、その『漢書』（西域伝）を参考にして、東夷伝を編纂していたということ

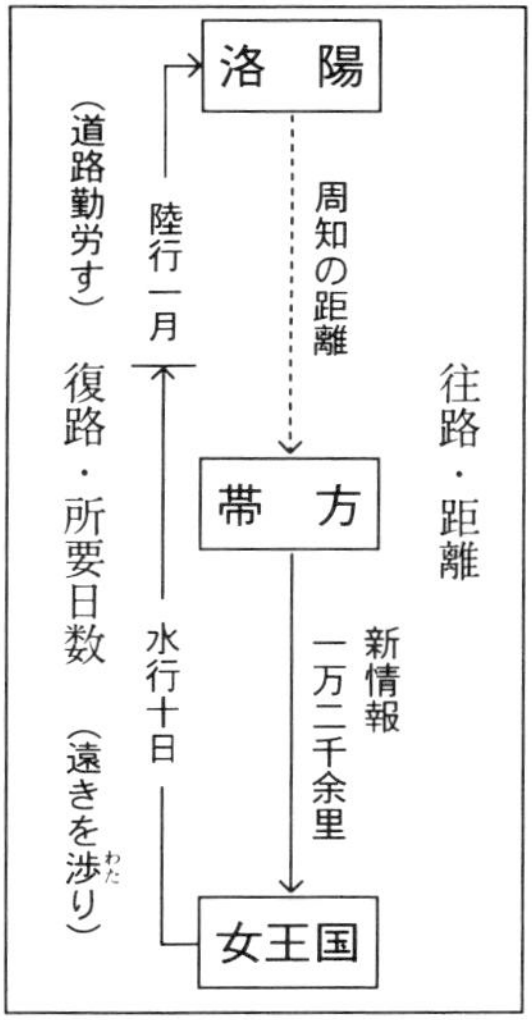

図14：陳寿の洛陽の視点

は十分考えられる。しかも、その『漢書』（西域伝）に、往路は距離、復路は所要日数という記述法の先例がみえているのであるから、当然に陳寿が、それを「倭人伝」で踏襲していることは想像に難くないのである。

ただし、『漢書』の著者・班固が、罽賓国と難免国の二定点間の距離と所要日数を記していたのに対して、陳寿は、魏の中心（洛陽）と倭国の中心（邪馬台国）を意識して記していた。ここに両者の大きな違いがある。陳寿は、『三国志』を常に洛陽の視点から記していたのである。そこで陳寿の意図を推測し、図示すると図14のようになる。

陳寿の洛陽の視点が理解されれば、この考え方のもつ整合性も理解いただけるはずであるが、いかがであろうか。

女王の境界の尽きる所とは

女王国より以北、其の戸数・道里、略載するを得るも、其の余の旁国、遠絶にして、詳らかにするを得ず。

次に斯馬国有り。次に己百支国有り。次に伊邪国有り。次に都支国有り。次に弥奴国有り。次に好古都国有り。次に不呼国有り。次に姐奴国有り。次に対蘇国有り。次に呼邑国有り。次に華奴蘇奴国有り。次に鬼国有り。次に為吾国有り。次に鬼奴国有り。次に躬臣国有り。次に巴利国有り。次に支惟国有り。次に烏奴国有り。次に奴国有り。此れ、女王の境界の尽きる所。

其の南、狗奴国有り。男子を王と為す。其の官に狗古智卑狗《くくちひこ》有り。女王に属さず。

郡より女王国に至るには、万二千余里。

右の文の中に、女王と女王国がそれぞれ二回ずつ出てくるが、ここまで再三述べてきたように、女王と女王国の表記は意図的に使い分けられている。

そこで問題は、右の「此れ女王の境界の尽きる所」の文意である。

安本美典氏は、この「女王の境界」を「女王国の境界」と解釈している（『卑弥呼は日本語を話したか』）。氏は、明らかに女王と女王国を混同しているようだ。

私は、この考え方は誤まっていると考える。その理由は、ここまで論証してきたように、「女王の境界」と「女王国の境界」とではまったくその意味が異なるからである。

「女王の境界」が、女王の権限の及ぶ倭国全域（三十国）を対象とするのに対して、「女王国の境界」は、三十国の中の一国である邪馬台国の境界だけを意味することになり、「女王の境界」と比較してずいぶんと狭域になる。ここは原文通り「女王の境界（権限）の尽きる所」と解すべきであろう。

ところで、「倭人伝」の其の余の旁国の書き方を見ると、どうも順番に書かれているのではないかと思えるような書き方になっている。

安本氏は、この点についても、「おそらく順はなく、「韓伝」同様にランダムに書かれているのでは」という立場をとっている（『卑弥呼は日本語を話したか』）。

しかし、そうであろうか。「韓伝」の国々の書き方を見てみると、「○○国、○○国、○○国、……、○○国、○○国、有り」となっていて、「倭人伝」のように一々「次に○○有り、次に○○有り」とは書かれていない。

「韓伝」については、多くの専門家諸氏も、その位置をまったくランダムに考えているようだ。それが正しいかどうかはよく分からないが、私も「韓伝」については、たしかに国名をただ羅列しているだけで、陳寿が特に順を追って書いているようにはみえない。

しかし、「倭人伝」の方は明らかに「韓伝」とは違う書き方がなされている。「次に○○有り、次に○○有り」と書き続け、最後に「次に奴国有り。此れ女王の境界の尽きる所」というのであるから、やはりこの書き方をみるかぎり、何らかの規則性（順序）をもって記していると考えてもおかしくはないと思う。

ただ、順があったとするなら、それはいったいどのような順で書かれているのであろうか。そこで、私も自分なりに国名の読みを考え、いろいろ各地に比定してみたが、これがじつに難しい。現在の地名にどうにか当てはめてみても、なかなか規則性（順）までは見えてこない。そこで、今度は少し考え方を変えてみることにした。

まず、陳寿がどうして「奴国」を「境界の尽きる所」と考えたかである。卑弥呼の宮殿を中心としてみるとき、その東西南北のどこにも境界の尽きる所があるはずなのに、どうして奴国だけを、特に「女王の境界の尽きる所」というのであろうか。

おそらく、なんらかの順によって国々を記してゆき、その最後にもっとも遠くにあった奴国を記したのではないかと推察される。問題は、その奴国が女王（中心地）からみて東西南北のどの方向にあったのかということである。

さらに、もう一つの問題は、「境界の尽きる所」の意味である。それが「海」のことなのか、あるいは、倭国とはまったく「別の国々との境界」という意味なのかである。

私は後者と考える。なぜなら邪馬台国が九州北部にあったと考える場合、四方はすべて海である。しかし、陳寿は「女王国より以北」については略載できたといっているし、「南」は狗奴国（熊本）や投馬国（宮崎）があったとも書いている。

また、東についても「女王国の東、海を渡る千余里、復《また》国有り。皆、倭種」（四国の人々《（国）》を倭種の国と表現している）と記している。もしこれらの国々と境界の尽きる所の奴国が境界を接していたなら、陳寿はそのように書いていたのではなかろうか。

また、「女王の境界」というのが「女王の権限の尽きる所」という意味なら、単に海を境界と考えるのはどうであろうか。そうではなく、その先には「女王の権限の及ばない国々」があったと考える方が自然ではなかろうか。

いずれにしても、女王国の東・南・北の境界の先は比較的はっきり書かれている。書かれていないのは西と東北である。しかし、西には海しかない。

そして、九州島から見るとき、その海の向こうに大きな陸地（島）があるのは、北の壱岐・対馬や朝鮮半島、あとは東の四国島と南の奄美諸島や沖縄諸島、そして、東北の本州島である。この境界の尽きる所の先が海ではなく、陸地を意味しているとするなら、「倭人伝」に詳細に書かれていない陸地（国）は、東北の本州島だけということになる（南は、投馬国・侏儒国が境界）。

「境界の尽きる所」奴国は本州島にあった

私は、「女王の境界の尽きる所」の奴国とは、この本州島にあった国ではないかと考えてみた。邪馬台国北部九州説（糸島）の立場に立つとき、「倭人伝」には本州島のことだけまったく記述されていないようにみえ、これに疑問を感じたのである。

そこで、女王の境界の尽きる所の奴国とは、じつは本州島にあった国ではないかと考えてみた。また、そう考えるもう一つの理由に、その直前に書かれた国名と奴国との位置的関係に連続性が伺えるからである。

……、次に支惟《きく》国有り。次に烏《あ》奴《な》国有り。次に奴《ね》国有り。此れ女王の境界の尽きる所。

「斯馬国」から始まる其の余の旁国の記述で、右の三カ国が最後に書かれた国々である。本論の冒頭で、その余の旁国の位置や書かれた順序はよく分からないといったが、逆に最後に書かれ

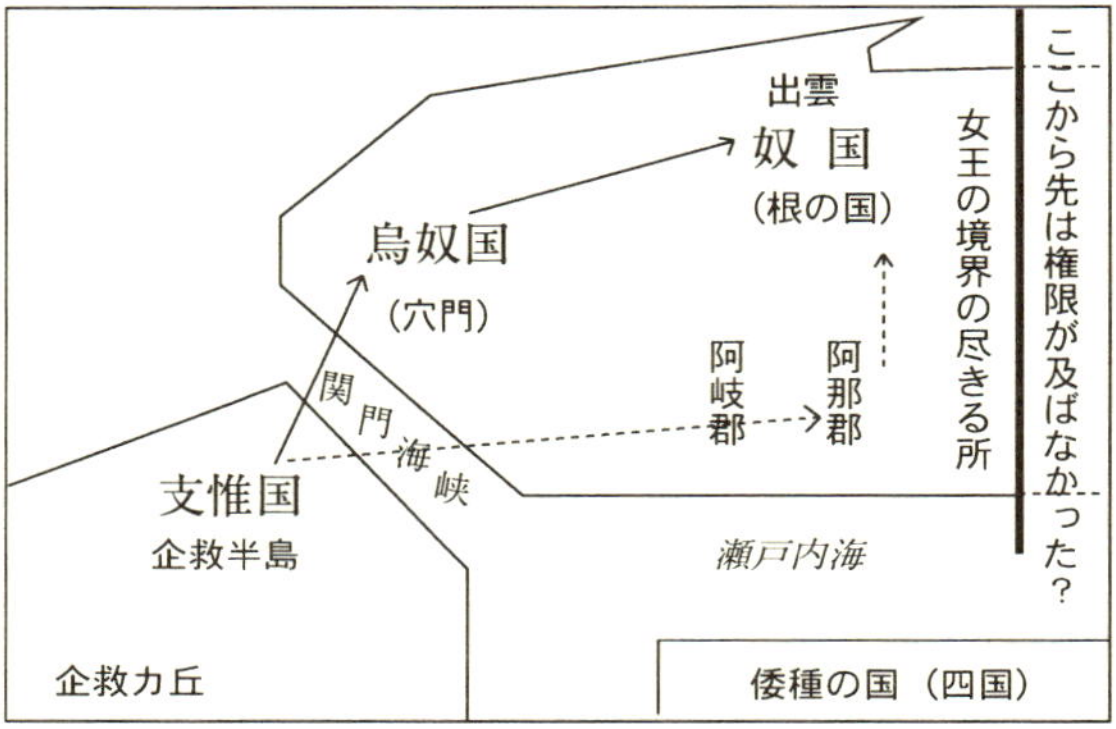

図15：支惟国・烏奴国・奴国の位置

た「奴国」の位置が分かれば、その逆のコースを辿る方法が残されている。

私は、右の三カ国の位置を図15のように考えてみた。最後に書かれた「奴国」が、伊都国の東南百里にあった「奴国」と同じ表記がなされていても、私はまったく別の国と考える。

この「奴国」は、「な国」とも「ね国」とも読める。仮に、これを「ね国」と読めば、「根の国」に通じる。

日本語では「な」と「ね」は通用する。たとえば、「胸《むね》」は「胸板《むないた》」・「胸騒《むな》ぎ」、「船《ふね》」は「舟歌《ふな》」・「船小屋《ふな》」、「稲《いね》」は「稲穂《いな》」・「稲妻《いな》」、「金《かね》」は「金物《かな》」・「金型《かな》」などという。また、中国でも、「ネパール」を「尼《ネ》泊尓」、「マニラ」を「馬尼《ニ》拉」と表記し、「尼」が「ネ(ne)」にも「ニ(ni)」にも使用されている。どうやら「ナ行」の音は、日本や中国では相通用しているようにみえる。

はたして、三世紀の中国人が倭人語の「な」と「ね」をどう聞き分けていたのかは分からないが、「奴」を「な」や「ね」の音に使用していたとしても特に不思議はないと思う。したがって、二万戸の大国の「奴国」は「奴国《な》」、そして「女王の境界の尽きる所」の「奴国」は「奴国《ね》（根の国・出雲）」の意味であったとも考えられる。

さらに、その前に記された「烏奴《あな》国」を「穴《あな》国」、つまり、今の山口県の長門の古称である「穴門《あなと》」の地と考えてみる。

そして、その前にある「支惟《きく》国」を、今の北九州市の企救《きく》半島のことと考えてみる。『日本書記』（雄略天皇の条）や『旧事《くじ》本紀』に、「筑紫の聞《きく》の物部」とあるし、『万葉集』にも、「豊国の企玖《きく》の池」、「聞の浜辺」などとある。これらから「支惟国」とは、北九州の「企救《きく》」の地である可能性が十分考えられる。

そこで、こう考えた場合、九州島の最東北端の「支惟国（企救）」から関門海峡を越えて「穴国（穴門）」、「奴国（根の国・出雲）」とこの三国が連続していることになる。

意外に地名とよく一致しているようにみえるし、「島根（出雲）」が「奴《ね》の国」ということであれば、まさしく「女王の境界の尽きる所」という表現も的確であるようにさえ思えてくる。少々強引かもしれないが、案外この考え方は的を射ているような気もする。

以上のことから、私は「倭人伝」の其の余の国々は、順を追って書かれている可能性は十分にあると思う。

ただ、前記三カ国以外の「其の余の旁国」の位置が現状ではどうにもよく分からない。したがって、順を追って書かれたとする考え方は、今は私の一つの解釈にすぎない。残念ではあるが、ここから先はその論拠を得るまで無理な解釈に走らず、今後の研究課題の一つとして今は保留しておきたい。

糸島は日本国家発祥の地だ！

ここまでの論証によって、糸島には、邪馬台国とその邪馬台国に代々統属していた伊都国が共存していたことが分かった。従来、糸島、特に現前原市一帯は、伊都国の領域と考えられていた。しかし、邪馬台国と伊都国との関係は、ほとんど主従関係にあって、代々邪馬台国が伊都国を従えてきていたのである。

世帯数でみても、邪馬台国は「七万余戸」、伊都国は「千余戸」と書かれている。これだけからでも、その力関係は明らかであり、邪馬台国の優位性は揺るぎないものがある。

しかも、この両国の特別な関係は、単に主従関係だけにとどまらず、その位置関係においても、密接に関わっていた。つまり、ほとんど同じ領域内（糸島）で共存していたのである。

したがって、前原三雲地域一帯の弥生王墓の主は、伊都国王というより、むしろ卑弥呼以前の邪馬台国王や奴国王との関連で考えるべきであろう。伊都国自体は、邪馬台国や奴国と比較して、それほどの国ではなかったと思われるからだ。

ただし、問題は七万戸の世帯数にある。旧糸島地区（福岡市西区の一部を含む）の現在の人口は、約十万人強である。旧糸島郡内（前原市・志摩町・二丈町）だけに絞ると、平成十二年度現在で十万人に少し欠けている。世帯数でみるとおよそ二万世帯前後というところであろうか。

しかし、「倭人伝」には、邪馬台国七万戸、伊都国一千戸とあるから、二国合わせると、現在の約三－四倍近くもいたことになる。当時一世帯四人だったとしても、七万一〇〇〇〇戸×四人＝二八万四〇〇〇〇人もの人口になるし、一世帯五人なら、三五万五〇〇〇〇人もいたことになる。

はたして、糸島地区に卑弥呼の時代、それだけの人口がいたのであろうか。にわかには信じ難いことである。しかし、それは、一面に水田が広がる牧歌的雰囲気の今の糸島しか見ていないからだともいえる。

大都市であっても、衰退したときは一挙に、歴史上そして地理上からその痕跡を消すことはよくある。たとえば、中国の殷《いん》王朝の遺跡が近年発見されているが、ほとんど無人の荒野であったり、農村であったりしている。とても古代の王都があったとは思えないような場所から、突然姿を現す。あるいは、シュリーマンの発掘で知られる「トロイ遺跡」などもそのよい例であろう。

現在の日本国のように、人口が過密状態の場合、そうそう大都市がある日突然姿を消すとは考えにくいが、古代（三世紀当時）の日本の人口は、推定でせいぜい五百万人程度であったろうといわれている。当時の日本列島には、移り住む土地はまだまだあったのではなかろうか。

安本美典氏は、著書『卑弥呼は日本語を話したか』などで、邪馬台国時代のわが国の総人口を約四六〇万人程度と推定している。その中で、「倭人伝」の国々の当時の人口も推定していて、伊都国については、伊都国を旧怡土《いと》郡だけとした場合は、（八郷）二万一九七六人、怡土郡と志摩郡を合わせた範囲とするなら、（十五郷）四万一二〇五人になると推計している。

そうすると、「倭人伝」には伊都国「千余戸」とあるから、一世帯の人数は「二十－四十人」だったことになる。その可能性も否定はできないが、安本氏が他の国々の一世帯の人数を「四－

十人」程度に推計しているのと比較すると、伊都国の一世帯当りの人数が少々多すぎる気がする。この点、安本氏も同感のようで、それについては次のように述べている。

『翰苑《かんえん》』では、『魏略』の文を引用し、伊都国の戸数を、「戸万余」と記している。……「千余戸」とすると、伊都国の、一戸あたりの人数が、他の国々にくらべて大きくなりすぎるようである。『翰苑』は、誤字の多いテキストではあるが、伊都国の戸数については、あるいは、「戸万余」が正しいのかもしれない。

『翰苑』に引用された『魏略』「倭国伝」は、陳寿の「倭人伝」と比較して、誤字や脱字と思われるものが多く、あまり信用できない。やはり、ここは、根本史料である陳寿の「倭人伝」の記述をもとに考えるべきであろう。

安本氏の人口推計の計算根拠は、奈良時代や平安時代の水田面積や郷数などを検証した上でのもので、かなり信頼度が高いと私は思う。

しかも、糸島地区以外の人口推計については、「倭人伝」の世帯数と照らしてみても、それほど矛盾はなく、むしろよく合っているようにみえる。

しかし、この糸島地区については、突出した矛盾があるのだ。

これを、「千余戸」は「万余戸」の誤りとするのではなく、三世紀当時の糸島地区には、邪馬台国の七万戸と伊都国の一千戸があったと考えてみてはどうだろうか。

卑弥呼の時代、糸島には全部で七万戸ほどあった。ところが、卑弥呼の死後、何らかの理由によって、その多くがどこかへ移動し、残されたのはわずか一–二万戸ばかりとなった。その結果、糸島地区の人口は、以降四万人程度の中で推移することになったとも考えられる。

これから、先の安本氏の奈良・平安時代の糸島の人口推定値は、移動後の数字がベースになっているとも考えられるのだ。こう考えると、数字が矛盾するのは当然だったということになる。

ある日突然、人々の大移動によって、そこから都市が忽然《こつぜん》と姿を消すことは十分にあり得る。たとえば、『三国志』（「呉書」孫権伝）に次のような記述がある。

初め、曹公（曹操）、（揚子）江に浜《そ》う郡県が、権（孫権）の略する所と為すのを恐れ、徴令し、内（魏領内）に移さんとす。民に伝えるに、（民）相《あい》驚き、廬江《ろこう》・九江・蘄《さん》春・廣陵《こうりよう》の戸十余万、皆、東、江を渡る。江の西、遂に虚となり、合肥より以南は、惟《ただ》、晥《かん》城有り。

ここの直前の記述では、後漢末の曹操と孫権の戦いの様子が描かれているが、曹操は、その戦いの前に、揚子江《ようすこう》の西の土地や人民を孫権に奪われるのを恐れて、あらかじめ魏の領域内に移住させようと郡県に命令したのである。ところが、それを聞いた当地の住民たちは、魏の方ではなく、逆に揚子江を渡って東の呉の領域内に移ってしまったのである。

その結果、揚子江の西岸域の東西約四〇〇–五〇〇キロの範囲内には、ほとんど人がいなくなり、残ったのは、わずかに廬江郡の皖県（皖城）の住民だけになったというのだ。

陳寿は、このとき、揚子江を渡った世帯数を十余万戸と書いている。これを人口に直すと、およそ五十万人以上にはなると思われる（一世帯＝五人で計算）。

あるいは、『三国志』の有名な場面のひとつに「長坂坡《ちょうはんは》の戦い」（二〇八年）がある。

曹操の急追を知った劉備は、荊州の襄陽から江陵（軍糧基地）へと撤退を決意する。そのとき、荊州の人民十余万人が劉備に従って一緒に逃げようとしたのである。劉備は、孔明らの反対を押し切り人民たちを従えて撤退するが、やはり、十余万の人民ではさすがに足手まといになり、ついに当陽県長坂坡において曹操軍（精騎五千）に追いつかれる。劉備軍は散々に蹴《け》散《ち》らされ、四散してしまう。あげくに劉備は妻子ともはぐれ、辛うじてわずかな手勢で落ち延び、まさに九死に一生を得るのである。このときの趙雲《ちょううん》や張飛の獅子奮迅の大活躍はあまりにも有名であるが、結局、劉備と行動を共にした荊州の人民たちは、元の鞘《さや》におさまってしまった。

しかし、仮に、このとき曹操が追撃を途中で断念していれば、その人民たちは皆、劉備に従っていたはずである。そのとき荊州は、これまた空虚な場所となっていたはずだ。

このように、あるきっかけで突然、人々がそこから姿を消すことは有り得るのである。

たとえ中国と倭国に人口の違いはあったとしても、古代においては倭国でも人々の大移動による突然の過疎化は十分に考えられる。

ところで、三国時代初期の中国全土の推定人口は、魏約二五〇〇万、蜀約一〇〇万、呉約一五〇万の約五百万人程度であったという。これは、後漢末以来の戦乱や飢餓・亡命などが影響したためと思われるが、それにしても、前漢時代は約六千万人、後漢時代も約五千万人はいたと推定（『漢書』地理志など）されていることからみると、三国時代初期には、漢代の約十分の一にまで減少していたことになる。この人口推定が正しければ、日本列島の推定総人口とほぼ同じだったことになる（この人口推定は、学研「歴史群像シリーズ⑰」を参照）。

さて、このような見方をすると、現在の糸島地区が十万人に満たない人口であっても、古代もそうであったとは必ずしも断言できないように思う。

糸島地区（西区の一部を含む）の広さは、東京二十三区の広さにこそ及ばないが、それほど大きな差はない。私は、糸島地区には、三十万程度の人口を養う地力は十分にあったと思う。

仮に、そこの水田だけでその人口を養うのに不足があったとしても、「倭人伝」には次の記述もある。

宗族の尊卑、各《おのおの》差序（順位）有り、相臣服《あいしんぷく》（主従関係）するに足る。租賦（税）を収むるに、邸閣（倉庫）有り。国国に市有り。有無《うむ》を交易するに、大倭をして、之を監せしむ。

このように、当時の倭国の政治体制がかなり整備されていたことを伺わせる記述がある。

また、身分の差もあったようで、税を収めていたとあるし、それを収納する倉庫の存在も記されている。これが邪馬台国（女王国）の場合は、自国内の税の徴収にとどまらず、国税として他の国々からも徴収していた可能性も想定し得る。

さらに、国々には市が立ち、物の過不足（有無）を交易していたというのであるから、仮に、食料などに不足があれば、諸市の交易によってそれを賄《まかな》えていたのではなかろうか。

このように考えてみると、古代の糸島地区に、三十万前後の人口を想定することは、必ずしも荒唐無稽なことではないように思う。

では、どうして人口が急激に減少したのかという疑問が残るが、これは、「邪馬台国東遷説」などとの関連によって説明はつくのではなかろうか。この点、本書では触れないが、私は基本的に「邪馬台国東遷説」を支持する立場である。

その時期は分からないが、卑弥呼の死後、それほど時代を経ないうちに、その中心を移さざるを得ないような事態があったのではなかろうか。いきなり近畿へ向かったかどうかは分からないが、そのような大移動があった可能性はあると思う。この点、次の機会にでも論及してみたい。

中心勢力が東遷するとき、その移動は王族や近親のわずかな人数で行われたとは思えない。私は、相当な軍事力、つまり、多くの兵士や人民を伴ったと考える。この観点からも、先の伊都国の人口の不自然さは、かえって糸島の邪馬台国・伊都国共存説を裏付けているようにさえ思える。

私は文献学の立場から、古代の糸島には邪馬台国と伊都国が共存していたと考えている。

そして、この糸島こそ「日本国家発祥の地」であったと結論する。

長里と短里

『三国志』の里単位

長里説：一里＝約四三五メートル　（秦・漢の里数）
短里説：一里＝約七五－九〇メートル　（『周髀《しゅうひ》算経』）

『三国志』は長里で書かれているのか、短里で書かれているのか。これは、作者陳寿の『三国志』編纂の意図を知る上でも、またその信憑性を確認する意味でも重要な問題である。

現在、この問題に対する考え方はいくつも提起されているが、およそ次の三つに大別される。

①『三国志』はすべて長里で書かれている。

東夷伝中の「倭人伝」や「韓伝」などに実際の距離の五－六倍程度の誇張がみられるが、これは作者の虚偽か誤認、または意図的な誇張によるもので、実際はそこに書かれている距離の五－六分の一程度と考えればよい。したがって、『三国志』全体がすべて長里で書かれていることに変わりはない。

②『三国志』はすべて短里で書かれている。

東夷伝がすべて短里で書かれていることは明白であるから、一史書中に長里と短里を使い分けるなどとは通常の認識では考えられず、当然、『三国志』本編もすべて短里によって書かれている。

③『三国志』の本編は長里で、東夷伝も原則長里であるが、一部「韓伝」や「倭人伝」だけ短里が使用されている。

私自身は、拙書『「倭人伝」を読む』で、『三国志』のすべてが、②の「短里で書かれている」という立場を明確にした。

しかし、私の短里説は、安本美典氏からお電話をいただき厳しい批判を受けることになった。安本氏ご自身は前記③の立場であるが、私の安易な『三国志』短里説を批判されたのである。その安易さとは、私が古田武彦氏の短里説を「全面的に支持する」という立場をとったことを指している。

私は東夷伝すべての検証結果から、それが短里で書かれているという確信を得た。そこで、当然『三国志』のすべてが短里で書かれているはずだと思ったのである。しかし、その考え方は、すでに古田武彦氏によって発表されていた。そこで、私は、それを追認するという立場をとったのである。

しかし、問題は、私が『三国志』のすべてを検証していなかったことだ。東夷伝の検証だけで十分と勝手に判断し、あとは古田説を追認してしまったことである。これは、やはり安本氏のご指摘のとおり反省しなければならない。

そこで、安本氏の批判を真摯に受け止め、再度詳しく検証し直してみた。その結果、たしかに『三国志』には明らかに「長里」で書かれている個所がいくつもあった。しかし、その一方で、東夷伝をはじめとして、やはり「短里」でなければ説明のつかない個所もかなりある。

いったい、これはどうした理由によるのであろうか。どう考えても、一つの史書において何の断りもなく、「長里」と「短里」を使い分けるなどということは容易に理解できない。

以前から、『三国志』には長里と短里が使われているという指摘はあった。しかし、その原因については、ほとんどが陳寿の意図的な作為とする考え方が多く、どうも納得がいかない。陳寿ほどの者が、後世になってすぐに虚偽と分かるようなことを書くであろうか。陳寿は、そんないい加減な男ではないはずだ。

そこで、私は、この問題について、まったく新しい考え方をここで提起してみたい。

なぜか『三国志』には、長里と短里が混用されている。この事実を受け入れた上で、陳寿の真意を探っていく。

しかし、それを論ずる前に、まず『三国志』に実際に書かれている里数記事を検証した上で、どこに長里と短里が使用されているのかを、実際に見てみよう。その後で、なぜ『三国志』には、長里と短里が使われているのか、その理由について考えてみたい。

長里も短里も正しい

さて、『三国志』には約三百もの里数記事がある。そのほとんどが、二点間が明確でなかったり、長里・短里のどちらともとれる表現のものであったりする。あるいは、修辞的用法であったりするために、判断しづらいものが多い。

したがって、それを判断するのに可能なものは自ずから制約されてしまうが、私が検証した限りでは、一応それが可能なものが約五十個（カ所）ほどある。そこで、ここではその中でも比較的分かりやすいもののいくつかを列記し、その一つ一つについて検証してみたいと思う。

尚、ここの検証では、中国の地図出版社発行の『中国歴史地図集・三国・西晋時期』（一九八二年初版）を参考にした。なぜこの地図を参考にしたのかといえば、現在の世界地図では、三世紀の中国の地名やその所在地が特定しにくいこと。また、この地図は中国人が作成したもので、三国期の地名と西晋代の地名を厳格に区別しているようにみえること。さらに、中国人が自国の各地の地名を比定するのであるから、比較的精度が高いと考えられること。以上の理由による。

さて、それでは具体的に距離の記述を検証してみよう。

①文帝紀［黄初三年・西暦二二二年］

閏月、孫権、劉備を夷綾に破る。初め帝、備の兵東下し、権と交戦するに樹柵連営七百里と聞く。群臣に謂ひて曰く、「備、兵を暁《さと》らず。豈《あに》、七百里の営有るも、以て敵を拒む可からんや。苞原隰険阻、而して、軍の者を為して敵所の禽《とりこ》と為す。此、兵を忌むなり。孫権、事を上《たてまつ》り今に到るかな」後七日、備破れるの書到《とど》く。

ここは、蜀の劉備が呉の孫権と戦ったときの記録である。劉備が呉の軍団を拒むために七百里にも及ぶ陣営を設けたといっている。この七百里を長里で考えると「約三〇〇キロ」、短里では「約五四キロ」となる。どちらが現実的であるかは明白であろう。連営というのであるから、点々と営を築いたという事であろうが、両端の間隔が三〇〇キロもあったのでは、その間は遠く隔てられてしまうし、少々現実離れしている。

しかし、短里の五四キロでも相当な距離であることに変わりはない。したがって、それを聞いた文帝が、湿地の険阻な場所に広く軍を展開するのは兵法の理に適っていないので、おそらく劉備は孫権に破れるであろうと予測しているのだ。そしてそれは的中した。

このように、ここは「短里」で考えた方が理屈に合うように思われる。

②文帝紀［黄初六年・西暦二二五年］

十月、廣陵の故城に行幸す。（揚子）江に臨み観兵す。戎卒十余万、旌旗《しょうき》数百里。

これは、孫権が呉朝を興した三年後のことである。呉の首都・建業（今の南京）のすぐ北を揚子江が流れているが、その対岸に魏の大軍が集結し、それを魏の文帝が観兵したのである。この時の様子を裴松之が注釈しているが、それによれば「戈矛、山林を成し、玄甲、日光に耀《かがや》く」と記している。魏の大軍が整然と隊列を組み、文帝の観兵に臨んだ様子が分かる。それが数百里に及んだと書かれている。

この数百里を二百－五百里程度と考えてみよう。もし、これが長里で書かれていたとすれば、「約八七キロ－二二〇キロ」となる。一方、短里であれば「約一五－三九キロ」ということになる。どちらが観兵するのに相応しい距離かといえば、やはり後者の「短里」の方ではなかろうか。結局、このときの魏軍は、揚子江が大寒による凍結のために渡れず、軍を引き返した。

③「呉書」孫権伝〔黄武四年・西暦二二五年〕

（裴松之注）呉録に曰く、是の冬、魏の文帝（曹丕）、廣陵に至る。江に臨み観兵す。兵十余万。旌旗・数百里に彌《みつ》る。

これは、先のBと同じ事件のことである。同じことが呉の側からも述べられているのだが、呉の側の記録に用いられている里数が魏と同じであるということを確認しておいていただきたい。当然、これも短里と考えられる。

④「魏書」賈逵《かき》伝〔黄初中〕（図16参照）

時に孫権、東関に在り。當に豫州の南、江を去る四百余里。

図16によれば、東関と揚子江との距離はおよそ三〇キロ程度である。四百余里は長里では、「約一七〇キロ」以上であり、短里では「約三一キロ」となる。ここも「短里」で考える方が実際と合致するようである。

⑤夫余伝「景初二年―」（図17参照）

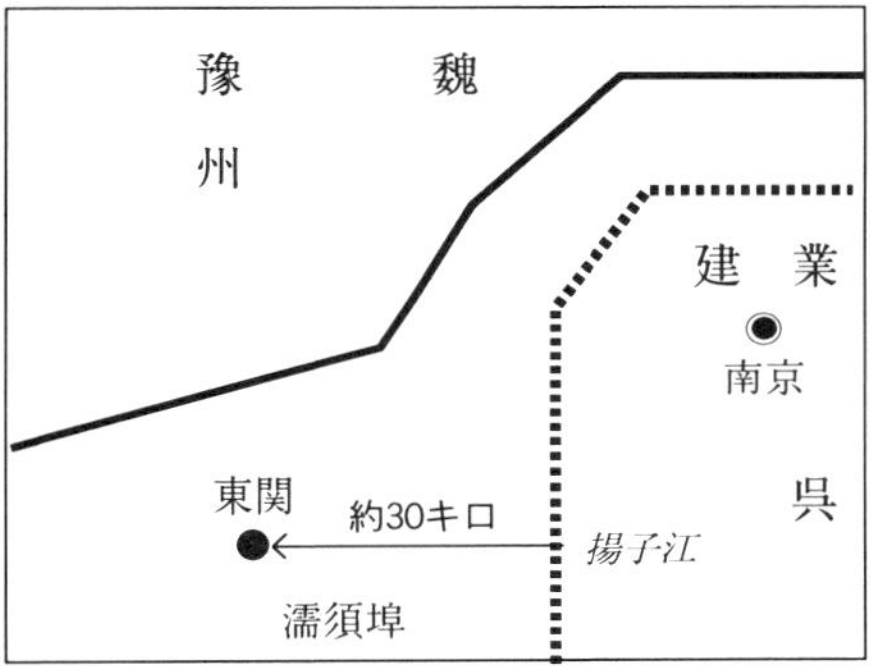

図16：賈逵伝

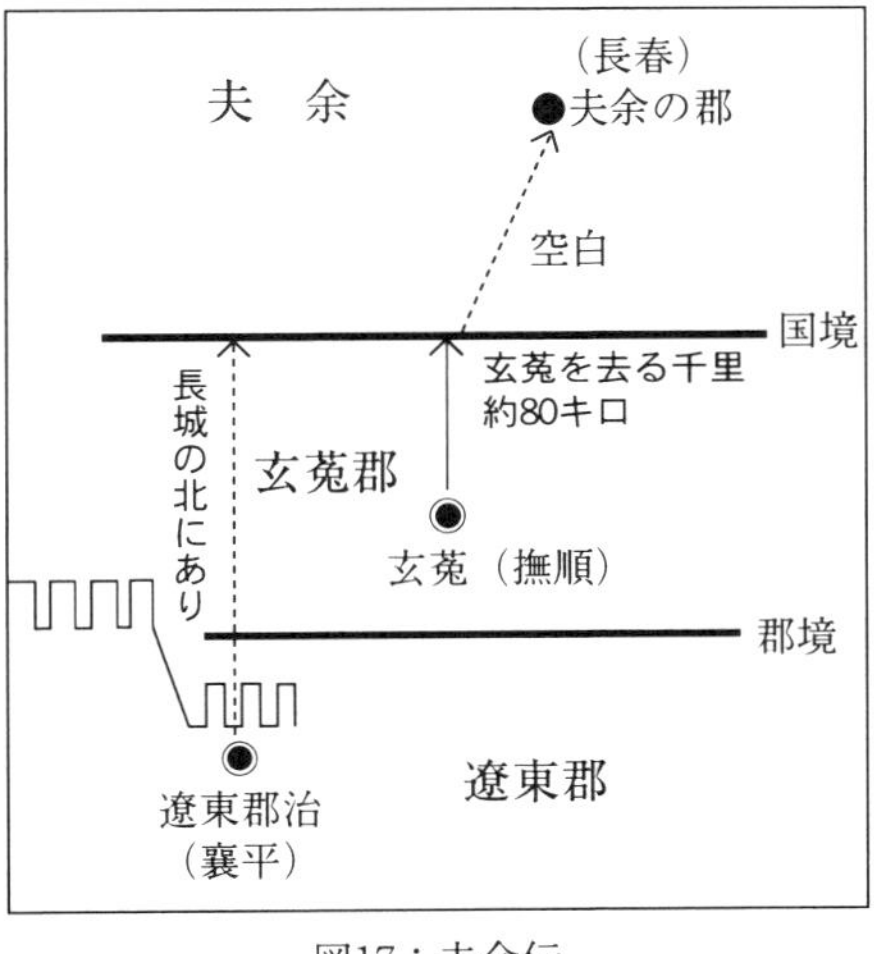

図17：夫余伝

夫余は長城の北に在り。玄菟を去る千里。南は高句麗と、東は挹婁と、西は鮮卑と接す。

ここは、夫余の四至（東西南北の国境）の記述であり、玄菟郡治から夫余の国境までの距離が述べられた個所である。したがって、玄菟郡治から夫余の国境までが千里と書かれている。

ここの千里は、長里で計算すると「約四三五キロ」となり、短里であれば「約七七キロ」となる。ここでの問題は、既に私が論証したように、国境を書いているということであり、けっして夫余の都までの距離を書いているのではないということである。したがって、玄菟郡治（中心）から夫余の国境までの距離として考えるとき、やはり短里の「約七七キロ」の方が実際的である。

⑥**高句麗伝**［**景初二年Ⅰ**］（図18参照）

高句麗は遼東の東千里に在り。南は朝鮮・濊貊と、東は沃沮と、北は夫余と接す。

ここも、先のEと同じく四至について述べられている。遼東郡治であった現在の遼陽市と高句麗の都・丸都（現在の集安辺り）までの距離は、約二八〇キロ程度である。千里を長里で計算すると「約四三五キロ」となり、現在の地図では東の海岸線にまで到達する距離である。やはり、長里では実際と合わない。しかし、これも短里であれば「約七七キロ」であるから、遼東郡治（遼陽）から丸都（集安）までの約三分の一程度の所に国境があったことになって、より現実的である。したがって、ここも短里で書かれていると考えられる。

⑦沃沮伝［景初二年ー］（図19参照）

東沃沮は高句麗の蓋馬大山の東に在り。（東は）大海に浜《そ》うて居す。其の地形、東北狭く、西南に長く、千里可《ばか》り。……北沃沮は……南沃沮を去る八百余里。

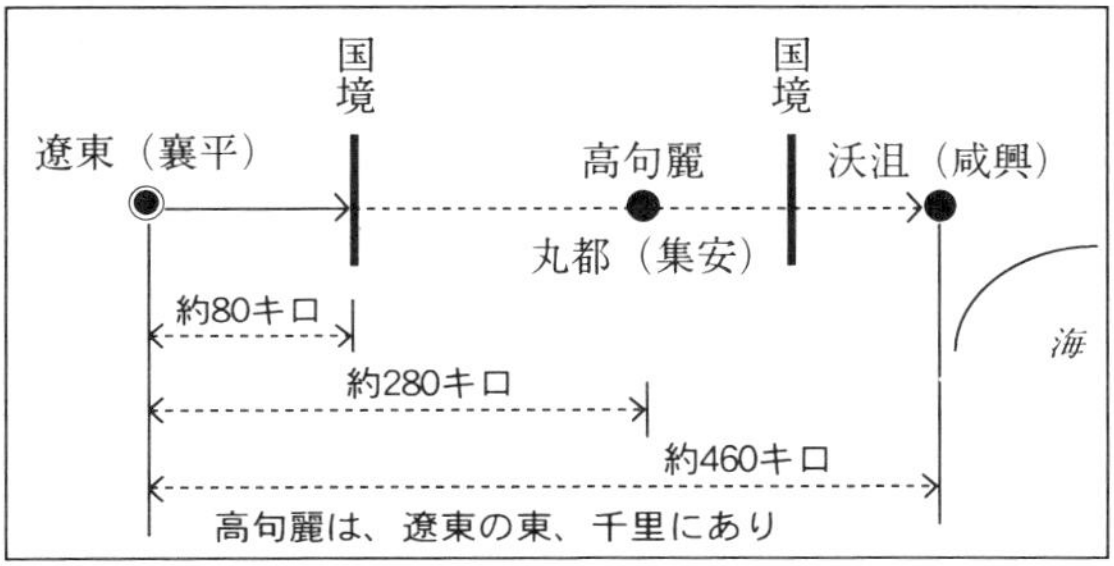

図18：高句麗伝

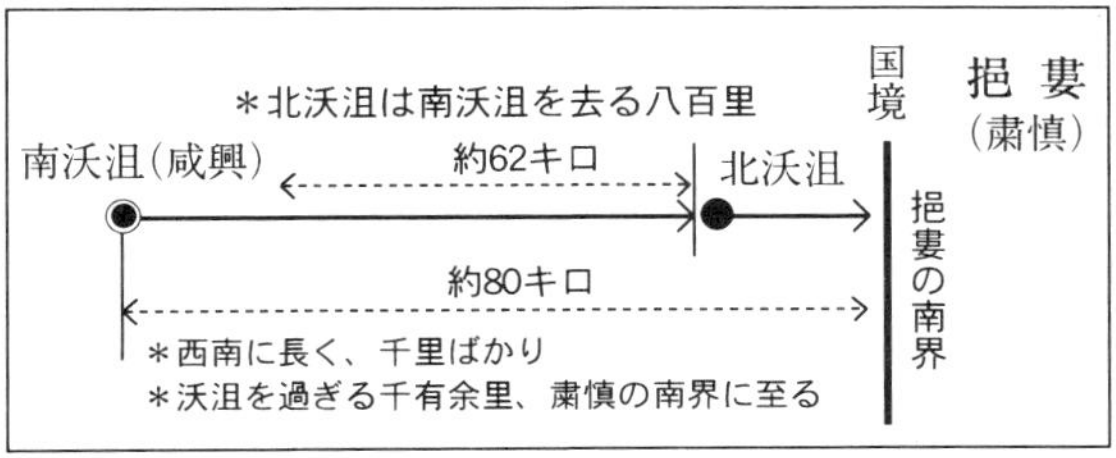

図19：扶沮伝

ここもすべて沃沮の国境が書かれているが、沃沮伝には、沃沮は小国と書かれていて、沃沮の首都・沃沮城（現在の咸興市）から挹婁の南の国境までを千里と記している。また、これと同じことが「毌丘倹伝」にみえる。「沃沮を過ぎる千有余里、粛慎《しゅくしん》氏（挹婁）の南界に至る」とある。これから推察すると、沃沮城から挹婁の国境までを千余里と書いていると思われ、小国であったということからすると、やはりここも短里の「約七七キロ」程度であったと

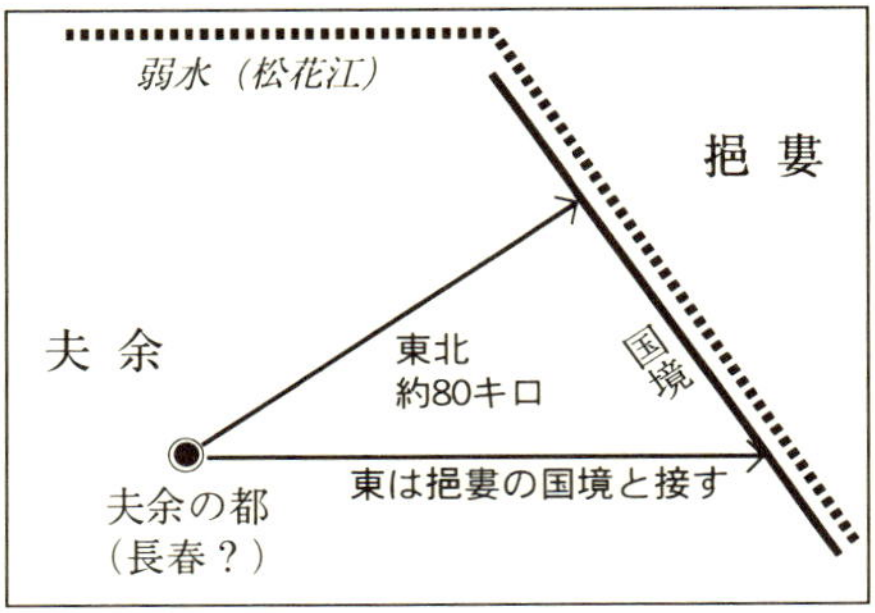

図20：把婁伝

考えられる。

⑧挹婁伝［景初二年―］（図20参照）

挹婁は夫余の東北千余里に在り。（東は）大海に浜《そ》う。南は北沃沮と接す。其の北は未だ極まる所を知らず。

ここも、これまでと同様に挹婁の国境が述べられている。そして注目すべきは、夫余との国境だけが夫余の視点で述べられていることだ。この意味は拙書『「倭人伝」を読む』を参照していただきたいのだが、夫余の都（中心）から挹婁の国境までが東北千余里と記されている。しかも、北は弱水（松花江）を北限としている。その松花江の位置を地図で見ると、やはり、ここの千余里も短里の「約七七キロ」で考えてよいようである。

⑨倭人伝［景初二年―］（図21参照）

イ　郡より倭（の国境）に至るには、海岸に循《したが》い水行し、韓国を歴《ふ》るに、乍《たちま》ち南し、乍ち東し、其の北岸・狗邪韓国に到る七千余里。

ロ　始めて一海を度《わた》る千余里、対海（馬）国に至る。

ハ　又、南一海を渡る千余里。名を瀚海《かんかい》（広い海の意）と曰う。一大（支）国に至る。
ニ　又、一海を渡る千余里、末盧国に至る。
ホ　東南陸行五百里、伊都国に到る。
ヘ　東南、奴国に至る、百里。
ト　東行、不弥国に至る、百里。
チ　郡より女王国に至る、万二千余里。
リ　倭地を参問するに、海中洲島の上に絶在し、或いは絶え、或いは連《つら》なり、周旋五千余里可り。

さて、問題の倭人伝の記述であるが、ここは多くの研究者が認めるように、実際の距離と短里説の距離とがほとんど合致する。したがって、ここはすべて実数（短里）で書かれていると考えられる。一部の研究者らが主張するように、ここが実際の距離（長里）の五－六倍誇張して書かれているとは、とうてい考えられない。『三国志』は、「実録」である。

⑩**「呉書」孫権伝［嘉禾二年・西暦二三三年］**（図22参照）
（裴松之注）呉書に曰く、……玄菟《げんと》郡は遼東の北に在り。相去ること二百里。

これを山尾幸久氏は、玄菟郡治は遼東郡治の北・二百里にあるとして、中心から中心までの距

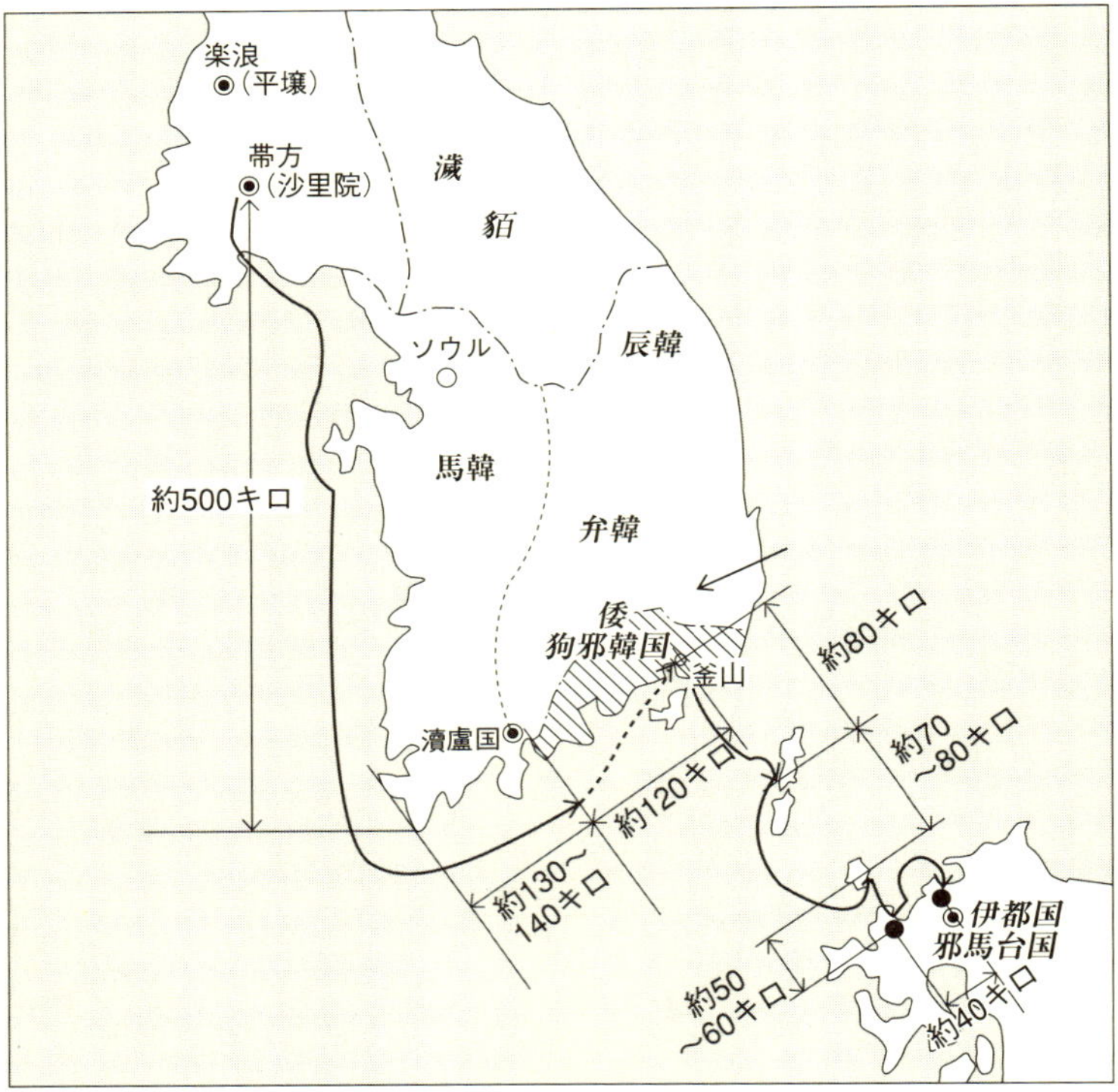

図21：「倭人伝」が示す女王国までのルート

離と方向が記されたと解釈した。

しかし、ここは明確に玄菟郡に対して遼東と書き分けており、遼東郡治から玄菟郡との境界（郡境）までの方向と距離を記しているのである。したがって、両郡の位置関係からみると、やはり短里で書かれていると思われる。

⑪「呉書」孫権伝［赤烏七年・西暦二四四年］（図23参照）

又、司馬懿《い》、前《さき》に

来たりて舒《じょ》に入る。旬日（十日）にして便ち退く。蜀は万里に在り。

このとき、司馬懿は、呉の首都（建業）から西南約一六〇キロ程度にある舒《じょ》県か舒城にいたものと思われる。そして、そこから蜀の国境までを「万里（概数）」といっている。

「万里」は、長里では「約四、三五〇キロ」、短里では「約七七〇キロ」ということになる。現在の地図を見ると、呉の建業（南京）から蜀の首都・成都までは約一五〇〇キロである。それが

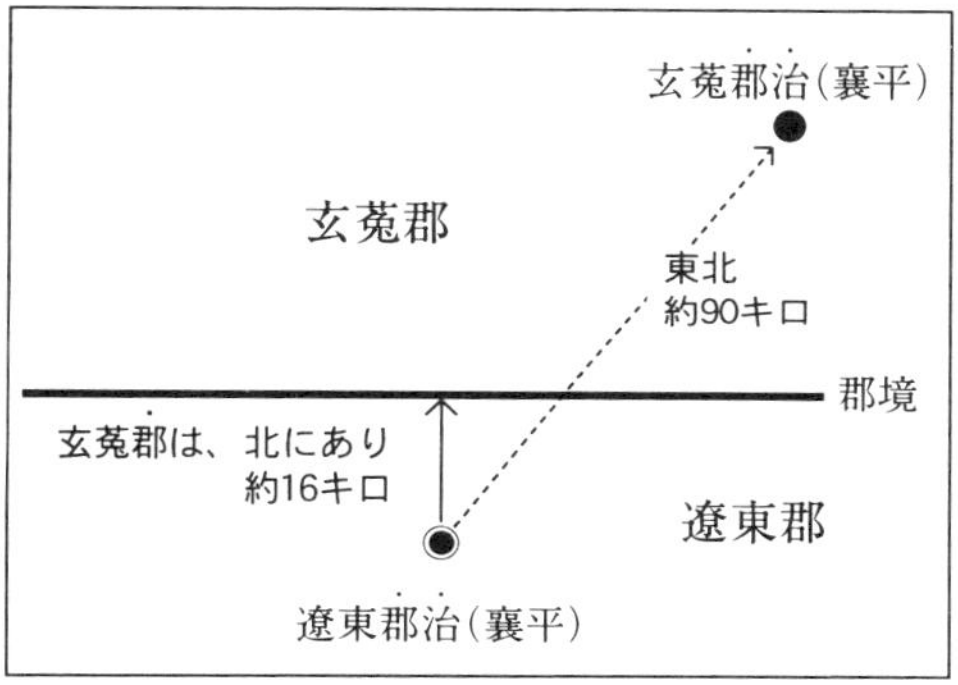

図22：孫権伝（裴松之注「呉書」）

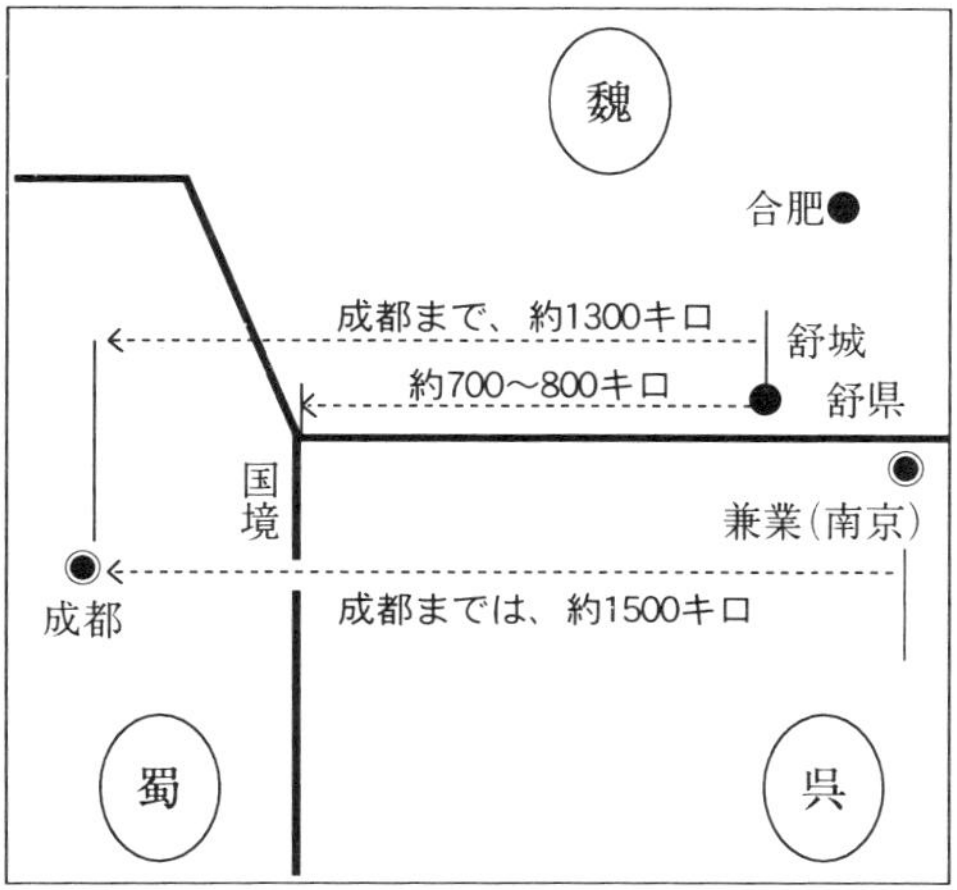

図23：孫権伝

蜀の国境までだと、およそ八〇〇―九〇〇キロ程度となる。そして、舒県からは約七〇〇―八〇〇キロ程度となる。したがって、ここも長里だと、とんでもなく西方のかなたに蜀があったことになるが、短里であれば実際とほとんど合致する。

また、ここで注目する点は「蜀は万里に在り」の記述だ。相手の国の位置や距離を大局的に述べる場合、まず「中心から国境まで」という記述になっている。これは、東夷伝の国境記述と基本的に一致している。

⑫「魏書」董卓伝〔初平元年・西暦一九〇年〕（図24参照）

（裴松之注）英雄記に曰く、郿は長安を去る二百六十里。

郿《び》という都市は、長安の西約一一〇キロ程度の所にあった。三国時代は郿国、西晋時代は郿県と呼ばれた都市である。二六〇里は、長里では「約一一三キロ」、短里では「約二〇キロ」ということになる。ここは、どう見ても「長里」でなければ説明がつかない個所である。

⑬「魏書」夏侯淵伝〔建安十九年・西暦二一四年〕（図25参照）

淵曰く、「公（曹操）、鄴に在り。反覆《はんぷく》四千里。報ずる比《ころ》、敍等必ず敗れん。急を救うに非らざるや」遂に行く。

さて、ここはよく長里か短里かで論争のある個所である。長安から鄴までの距離は、約七〇〇キロ程度、また、その中間に位置する洛陽との距離の関係は、長安と洛陽間が約四〇〇キロ程度、洛陽と鄴間は約三〇〇キロ程度である。

四千里は、長里では「約一七四〇キロ」、短里では「約三〇八キロ」ということになる。そこで長里説はここの「反覆四千里」とは、長安と鄴間を往復することを述べているとする。一方、短里説の古田武彦氏は、これは洛陽と鄴間の片道四千里のことを述べているとする。

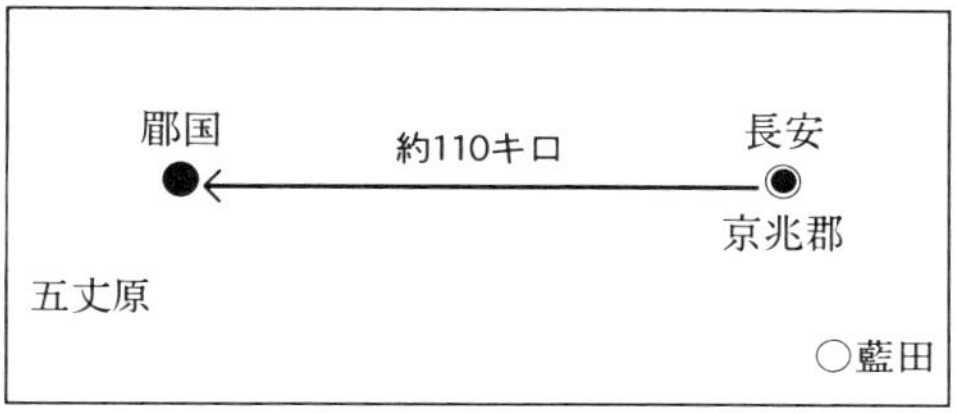

図24：『魏書』董卓伝（裴松之注「英雄記」）

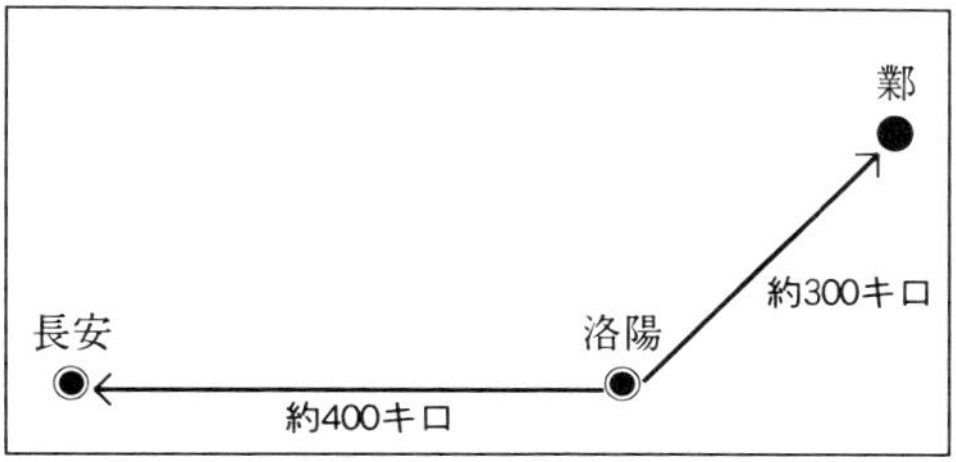

図25：『魏書』夏侯淵伝

ここの両者の主張が異なっている点は、「反覆」の意味の解釈の違いと、その四千里の起点が、長安にあるのか、洛陽にあるのかの違いにある。

そこで、まず「反覆」の意味を『広辞苑』や漢和辞典で調べてみると、「また戻る」や「往復」の意とある。これでは「帰路」とも「往復」とも判定しかねる。

次に『三国志』の中からこの「反覆」の使用例を探してみると数例あった。たとえば次の通りである。

イ　「魏書」呂布伝
（呂）布自ら、以て（董）卓を殺し、（袁）術への報讎《ほうしゅう》と為し、以て之を徳とせんと欲すも、術、其の「反覆」を悪《にく》み、拒《こば》みて受けず。

ロ　「蜀書」法正伝
若《も》し、事窮《きわま》りて勢迫すれば、各将に生を索《もと》め、求むるに門戸を済《わた》す。「展転反覆」し、今、異を計り、将軍、明を為さずば、尽《ことごと》く難に死すなり。

ハ　「蜀書」費詩伝
詩、進みて曰く、「猛達は小子。昔、威を振《ふる》うを事とし、忠ならず。後に又、先主（劉備）に背叛《はいはん》す。『反覆』の人、何ぞ書するに足るや！」

ここの「反覆」は、主に「寝返る・裏切る」の意味で使われているようだ。ロの展転反覆は、本来、暑さなどで悶々と寝返りを打つという意味である。この寝返りという動作を往復と考えるか、ただ戻ると考えるか。ここでの使用例をみても、どうもいまひとつ決め手に欠ける。

他の個所で往復の意味を記すときには、「往還幾日ならん」（明帝紀）や「往《ゆ》き返るに七里（「魏書」牽招伝）などと記している。このような「往還」や「往返」であれば、いずれも「行って、また戻る」の意味で大変分かりやすいのだが、「反覆」ではどちらともとれるので、字義の上だけの判断ではどちらとも言い難い。

ただ、「反覆」には片道の意味もあるようなので、ここは、鄴で曹操の節度（指図）を受けたあと、また四千里を戻ってくるのでは鈙を救うのに間に合わない、といった解釈も成立するようにみえるのだが、じつはこの考え方には大きな問題があった。

それは、このとき、夏侯淵らが洛陽にいたという痕跡がまったく見当たらないからである。この事件に関係した人たちのどの記録を見ても（武帝紀、夏侯淵伝、馬超伝など）、夏侯淵はこのとき、「洛陽」ではなく「長安」に駐屯していたように記されている。

冬十月、軍、長安より北の楊秋を征し、安定を囲む。秋、降りるに其の爵位を復し、留めて、其の民人をして撫せしむ。十二月、安定より還るに、夏侯淵を留めて、長安に屯せしむ。

（「武帝紀」建安十六年）

十七年、太祖乃ち鄴に還る。淵を以て護軍将軍に行《な》し、朱霊、路招等を督《ひき》ひて、長安に屯せしむ。

（「夏侯淵伝」建安十七年）

以上の記録をみるかぎり、建安十六年以降、夏侯淵は長安に駐屯していたようである。問題の事件は建安十九（二一四）年のことであるが、十六年から十九年の三年間に夏侯淵はしばしば馬超と戦っている。いずれも長安近くの藍田や西方の翼での戦いであり、長安からの出撃と考えられる。ここはどうみても、古田氏がいわれるように、夏侯淵が当時「洛陽」にいたという事実はない。

以上のことから勘案すると、ここの「反復四千里」の意味は、どうやら長安と鄴間の往復の距離（長里）と判断せざるを得ないようである。

その長安と鄴間の往復の距離は、およそ一四〇〇キロである。長里の四千里は、「約一七四〇キロ」である。実際とは少々合わないが、山尾幸久氏は、ここの四千里は修辞であるから、とやかく言うほどのことではないといっておられる（山尾幸久著『魏志倭人伝』）。

とにかく、今はそう考えるよりほかはないようだ。

⑭「蜀書」劉璋伝［建安十六年・西暦二一一年］

先主（劉備）、江州に至る。北、墊江《てんこう》水に由り、涪《ふう》に詣る。成都を去る三百六十里。

図26によると、涪と成都の距離は「約一五〇キロ」となる。三百六十里は、長里で「約一五六キロ」、短里では「約二八キロ」となる。したがって、ここも長里がふさわしい。

⑮「蜀書」王平伝（延熙七年・西暦二四四年）

漢中、涪を去るに千里に垂《なんな》んとす。

これは、先の⑭と同じく図26で見ていただきたい。成都と漢中は現在でも特定できる都市である。その二点間の距離は「約五五〇キロ」となる。その間の涪と成都間は先に示したように「約一五〇キロ」、涪と漢中の間は「約四〇〇キロ」である。千里は、長里では「約四三五キロ」で、短里では「約七七キロ」である。したがって、ここの涪と漢中の間を「千里に垂んとす」というのであるから、その距離は、千里（四三五キロ）には満たないが、「千里にもなろうか」という距離」の意味であるから、やはり、ここも「長里」の方が実際とよく合致している。

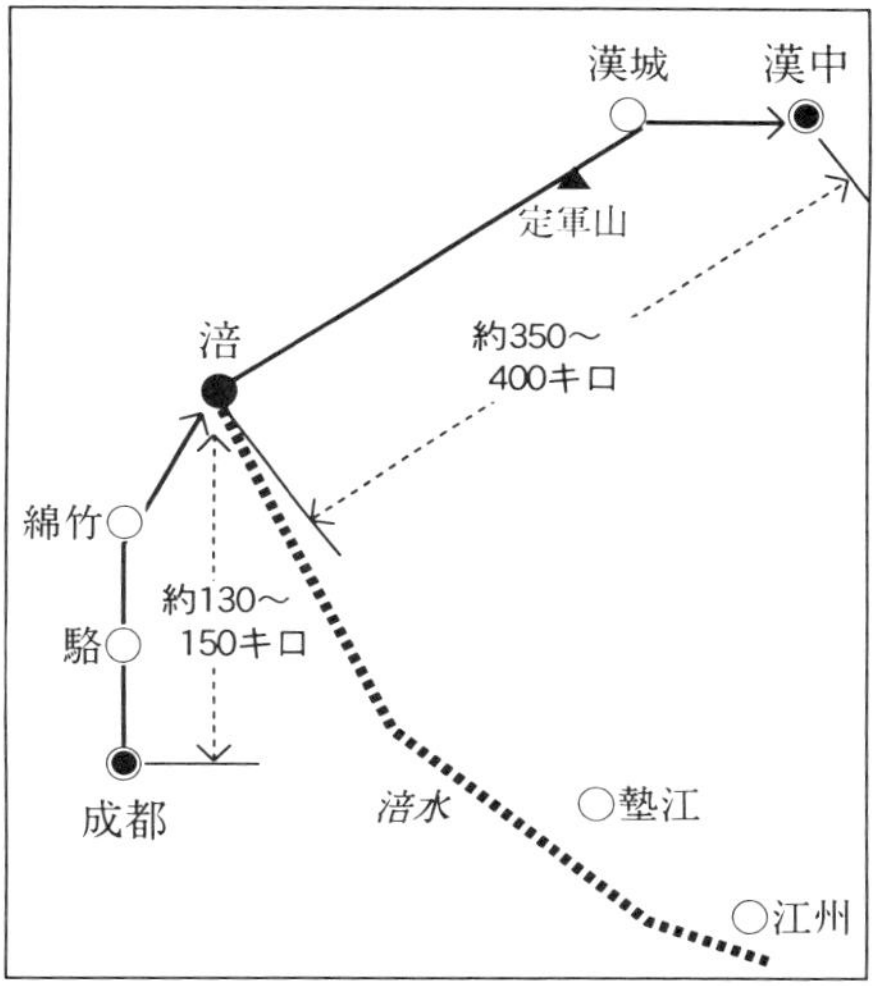

図26：『蜀書』劉璋伝

⑯「蜀書」先主伝〔建安十二年・二〇七年〕

（劉備）当陽に到る比《ころ》、衆十余万、輜重《しちょう》数千両。日行十余里。……

……（曹操の）軽軍、襄陽に到る。聞くに、先主、己に過ぐ。曹公（曹操）、精騎五千を将《ひき》いて急ぎ之れを追う。一日一夜にして、三百余里を行き、当陽（県）の長坂《ちょうはん》に於いて及ぶ。

さて、ここの場面は『三国志』でも有名な場面である。

思わぬ曹操の追撃を知った劉備が急ぎ撤退するのだが、曹操軍の侵攻を恐れた多くの民衆が劉備に従ったため、その数は十余万にも及び、荷車など（輜重）の数が数千両にもなって、一日十余里しか進まなかったというのだ。

十余里は、長里では「約五キロ」、短里では「約一キロ」となる。いくらなんでも一日一キロというのは、急いで逃げるにしては少々のんびりし過ぎる。ここは「長里」の五キロの方がまだしも現実的であろう。

一方、追撃する方の曹操軍は、劉備の行進の約三十倍もの早さで追ってきたのである。それは、精鋭五千の騎馬軍団であり、一日一夜行というのであるから、二十四時間ほとんど休まずに追ったのであろう。その結果、一日三百里も進んだというのである。この精騎の急追した区間は、襄陽から当陽県・長坂坡《ちょうはんは》までで、その間の距離は、地図上で約一三〇－一四〇キロほどになる。

三百里は、長里では「約一三〇キロ」、短里では「約二三キロ」ということになるが、長里の一日約一三〇キロは、二十時間、馬で行軍したとすると時速約六・五キロとなり、急いで追った状況としてもほとんど無理はない。

ここも短里では、追う方もあまりにものんきな追撃となってしまい、両者の距離（約一三〇キロ）を埋めるには数日を費やしてしまう。長里で考えると、ほぼ一日一夜行で追いついたことになり、記述ともよく合致している。

⑰「倭人伝」（図27参照）

郡より女王国に至るには、万二千余里。……

其の道里を計れば、当に会稽東治《かいけいとうや》（治）の東に在り（在るべし）。

ここの一連の記述は、邪馬台国の所在を考える上で大変重要であるし、多く議論のある個所でもある。ここの意味については、拙書『「倭人伝」を読む』の「陳寿の発見」の項で詳述しているので、ここではそれは割愛するが、とりあえず要旨だけ記しておく。

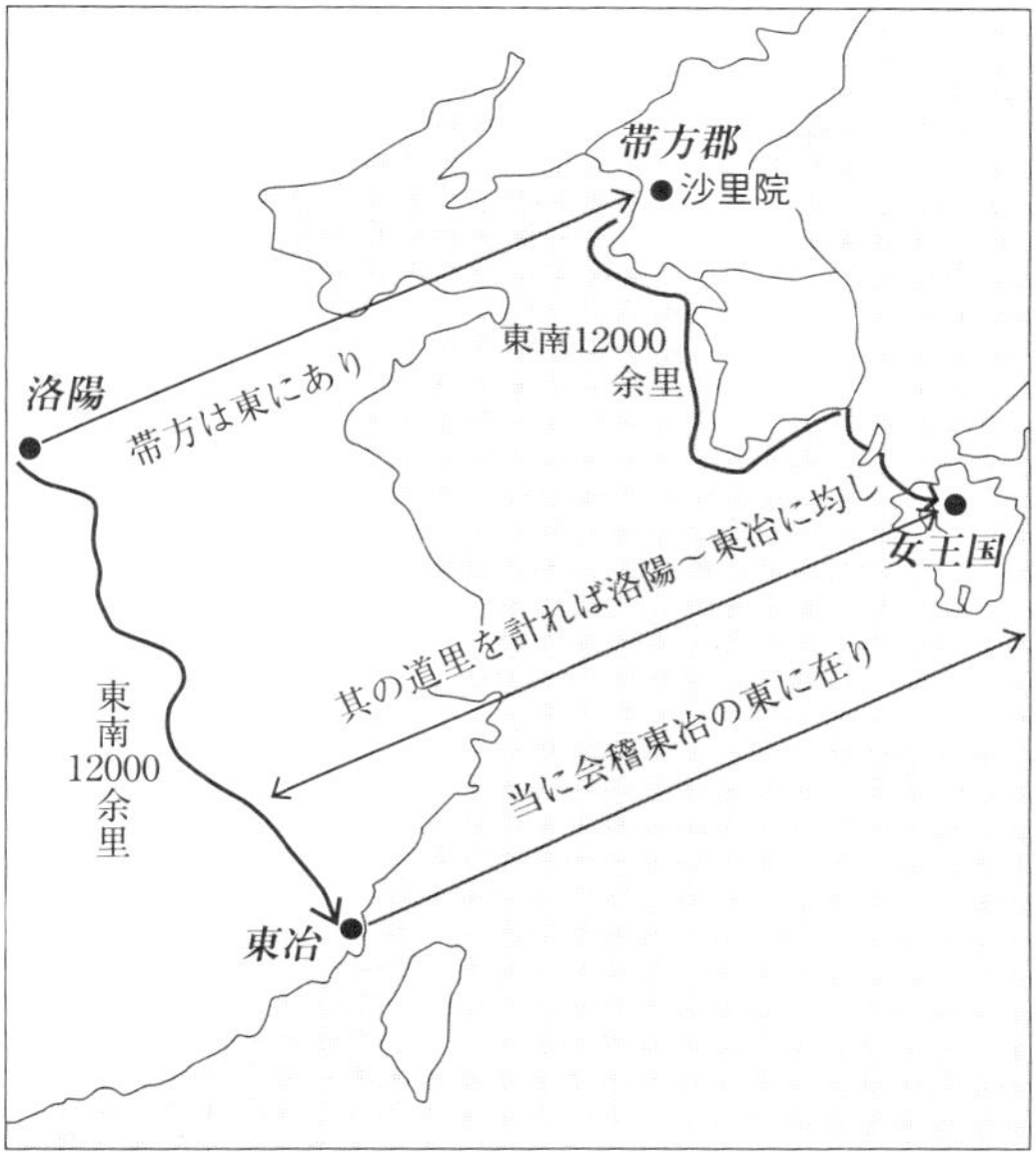

図27：「当に会稽東治の東に在り」

ここには、陳寿の「洛陽の視点」が鮮明にみえている。其の道里の東南・万二千余里は、洛陽から計られている。つまり、帯方から女王国までと、洛陽から東治までの道里が等しいといっているのである。地図上で検証すると、ここも「短里」で書かれていることが分かる。

①帯方からみて女王国は、東南・万二千余里にある。（新情報）

②その帯方は、洛陽の東（八分方位）にある。（周知の区間）

③また、洛陽の東南・万二千余里

辺りには東治がある。（周知の区間）

④したがって、女王国は東治の東にあるはずだ。（陳寿の結論）

これが、陳寿の主観（計算）による倭国地理観なのである（図27参照）。

そして「其の道里を計れば」とあるように、ここは陳寿自身が「自分で計算した結果だ」と言っている（主観）。そこに「短里」の概念があったことがさらに重要なのである。

なぜ、二つの里単位を使ったのか

さて、以上のように長里と短里の例を挙げてみたが、中には解釈の違いによって、どちらとも取れるものもあるやもしれない。しかし、極力どちらかに判別しやすいものを選んだつもりである。

いずれにしても、ここまでの検証によって、『三国志』には、「長里」と「短里」が混用されているというのは、どうやら間違いないようである。

しかし、それが事実なら、いったいどのような理由で一史書中に「二つの里単位」を使ったのであろうか。このようなことは常識的には少々考えにくいことである。おそらく、それには陳寿なりの相応の理由があったはずである。

そこで、その理由を探るために、先の里数記録を次表のように整理してみた。そうすると、そこに一つの傾向が見えてきたのである

年代	書名	魏書	蜀書	呉書
後漢時代	190年	⑫長里		
	207年	⑯長里		
	211年		⑭長里	
	214年	⑬長里		
	220年 後漢朝滅亡・魏朝興る			
三国時代	221年 蜀漢朝立つ（漢朝再興のため）	①短里		
	222年 呉朝立つ	②短里		③短里
	225年	④短里		
	黄初中（220～227）			
	233年			⑩短里
	238年 司馬懿仲達、遼東征伐	⑤⑥⑦⑧短里		
	240年 魏使、倭国訪問	⑨⑰短里		
	244年		⑮長里	⑪短里
		後漢代はすべて長里 魏朝成立後はすべて短里	すべて長里	220年以降？ すべて短里

表１ 『三国志』における里単位

表１から、「魏書」と「呉書」では、「後漢代の里数は長里」で、「魏王朝成立以後は短里」で書かれているようにみえるのだ。つまり、二二〇年を境に長短の使い分けがあるようにみえる。

ところが、「蜀書」だけは、後漢代から蜀王朝成立以降も、一貫して「長里」が使用されているようにみえる。

つまり、「短里」とは、「魏書」と「呉書」だけにみられる特異な里単位のようである。

陳寿の歴史認識

短里は「魏書」と「呉書」にだけみられる特異な里単位であるとする見方は、もちろん、限られた事例での検証であるから、これを絶対的視するわけにはいかないが、先の表から一つの傾向が見えているのは事実である。

三国時代の幕開け（魏朝の成立）、つまり後漢朝の終焉とともに、魏と呉では新制度（度量衡）のもと「短里」が使用され、漢朝の再興を悲願とした蜀では「漢朝の長里」がそのまま継続使用されているように思われる。こう考えると、「魏書」と「呉書」の中にだけ「短里」が使用されている理由も何となく理解できる。

しかし、この度量衡の変更（新制度制定）については、陳寿は一言も述べていないし、また、魏朝成立時のことについても、なぜか陳寿はあまり多くを語っていないのである。これはよく考えると大変不思議なことである。

『三国志』とは文字通り「魏・蜀・呉」の三国の歴史を書いたもので、「正史」の扱いを受けた書物である。中国では、古来より王朝は天命により唯一ひとりの天子が授かるものであり、その王朝（天子）は、また天命により順次交代すると考えられていた（五行説・易姓革命）。

したがって、漢朝が魏朝に交代するのは天命によるものであり、それを受けて曹操の子の曹丕が漢朝より禅譲を受けたことになっている。これは、魏王朝こそ正統な後継であることを天下に示したものであるから、当然、魏朝こそ唯一の王朝となるはずであった。

ところが、蜀の劉備は、魏王朝の成立を正統とは認めず、自らも漢朝の復興を旗印として蜀漢朝を立てた。また、呉も孔明の天下三分の計に乗って、独自に呉王朝を立てたのである。ここに三国が並立する事態となってしまった。

そして、『三国志』は、文字通り三国の並立を認めている。このことから、陳寿の三国時代における歴史認識が問題となってくる。

しかし、おもしろいことに、陳寿は『三国志』において、唯一「魏書」にだけ「帝紀」を立てていて、なぜか、「蜀書」や「呉書」では「帝紀」の体裁をとっていない。

「魏書」――武帝紀・文帝紀・明帝紀・三少帝紀・五后妃紀・列伝（烏丸鮮卑東夷伝を含む）
「蜀書」――先主伝（玄徳＝照烈帝）・後主伝（劉禅）・二主妃子伝・列伝
「呉書」――呉主伝（孫権＝大帝）・三嗣主伝・列伝

通常、正史は「帝紀（本紀）」、「志」、「表」、「列伝」の体裁を整えている。しかし『三国志』には、右のように「魏書」に「帝紀」はあるものの、蜀の劉備玄徳（昭烈帝）は「先主伝」、呉の孫権（大帝）は「呉主伝」で、いずれも「主」として扱われていて、いわゆる「帝紀」とはなっていない。このことから陳寿は、『三国志』としながらも、実は魏だけを三国時代の正統な王朝と認めていたとも考えられるのである。

そういえば、後の『旧唐書《くとうじょ》』経籍志（七二一年頃）には、三国時代の「正史」として王沈撰『魏書』（四十四巻）と魚豢撰『魏略』（三十八巻）、そして陳寿撰『三国志』の「魏書」（三十巻）だけを「正史」としている。なぜか「蜀書」や「呉書」は「偽史」として扱っている。ここに、三国時代の歴史認識をめぐる難しい問題があるのかもしれない。

しかし、その一方で、『三国志』では三国それぞれの年号が使用されていて、蜀や呉の年号を、無理に魏の年号に改めて記しているわけではない。これは当然といえば当然なのかもしれないが、陳寿は、魏を正統な王朝としながらも、同時に三国の並立を公然と認めていることが分かる。

『三国志』には「志」がない

年号は、三国の独自性を端的に示すものであるが、そこから浮かび上がるもうひとつの問題は、『三国志』に「志」が立てられていないということだ。

「志」とは、地理志、天文志、律暦志、食貨志などのことで、その時代の軍事・経済・天体観測などの様々な制度・文化について詳細にするものである。陳寿が精通していたといわれる『史記』や『漢書』にも「志」が立てられている。それをよく知っていたはずの陳寿が、なぜ『三国志』に「志」を立てなかったのか。仮に、陳寿が天文志や律暦志、地理志などを書いていたなら、おそらく度量衡の制度も明確にされたはずであるから、ここで解明しようとしているような問題自体が存在しなかった可能性がある。

しかし、それを書いていないのである。その理由は、やはり三国時代が特別な時代であったということであろう。

秦や漢のように一王朝によって全土が統一され、ひとりの天子が君臨していたのであれば、当然各制度は統一されていて「志」も書きやすい。しかし、三国時代は、魏・蜀・呉の三王朝が並立した時代であり、魏朝の制度だけを「志」として記すことを良しとしなかったのではなかろうか。それはまた、三国にそれぞれ独自の制度が施行されていて、天体観測や度量衡なども三国それぞれで行なわれていたことを示唆する。

したがって、他の時代の「正史」のように、統一された制度の下に「志」を立てようにも立てられなかったとも考えられるのだ。

かりに、三国がそれぞれ独自の度量衡制などを施行していたとすると、「魏書」、「蜀書」、「呉書」のそれぞれに「志」を立てなければならなくなる。それが面倒なので書かなかったとも思えないが、大変煩雑になるのは間違いない。

しかし、「魏書」だけを「正史」扱いにしたのであれば、その「魏書」にだけでも「志」を立てても良いような気がするが、陳寿はそれすらしていない。「志」を立てず「正史」の体裁を完備しなかったところに『三国志』の不思議の一端をみる思いである。また、それが陳寿の真意をも計りかねることにつながっている。

本来、天文志や律暦志などの「志」は、「正史」には不可欠のものである。王朝の交代を正当化する上でも、天体の運行を観測し、天命が新王朝に下ったことを天下に知らしめなければならない。したがって『三国志』の「魏書」においても、曹丕（文帝）が即位する前後のいきさつは、もっとも多くの紙数を費やしてもよい個所である。

ところが陳寿は、その禅譲にいたる経緯や文帝即位後のことついては、次のように簡単に記すのみである。

漢帝（献帝）、衆望の魏に在るを以て、乃ち、群公卿士を召し、高廟にて祠《し》（辞）を告ぐ。冊して曰く、『爾《なんじ》・魏王に咨《と》う。昔の帝堯《ぎょう》、虞舜《ぐしゅん》に禅位し、舜、亦、以て禹に命ず。天命、常ならずして、惟《ただ》、有徳に帰す。漢道、陵遅《りょうち》（衰退）し、世、其の序を失い、朕、躬《みずか》ら降りるに及び、大乱、茲《ここ》に昏《くら》く、群兇は肆逆《しぎゃく》（暴虐）し、宇内（世界）は顛覆《てんふく》す。武王（曹操）の神武を頼みとし、茲に四方の難を拯《すく》い、惟、夏の区（中国内）を清め、以て、我が宗廟を保綏する。豈、予一人（天子）、獲乂せざらんや。九服の実を受け、其れを賜わ俾《し》む。今、王（曹丕）、欽《つつ》しみて前緒（系統）を承《う》ければ、乃ち、徳に光《かがや》く。文武、之れ大業（儒教？・）を恢《ひろ》め、爾の考（亡父・曹操）、之れ弘烈（大事業）を昭《あきらか》にす。皇霊、瑞《ずい》に降り、神、人に徴《きざし》を告げ、誕《ここ》に惟、亮《まこと》を采《と》り、師を錫《たま》いて、朕に命ず。僉《みな》曰く、爾の度《たく》、虞舜に克《よ》く協《とと》のう。用うるに、我《わ》れ唐典に率《したが》い、爾を敬い、位を遜《ゆず》る。於戯《ああ》！ 天の暦数、爾躬《みずから》に在り。其の中、執を允《ゆる》し、天録は永終す。君、其の祇《かみ》の大礼に順じ、茲に万国に饗《あ》え、以て、粛《つつし》みて天命を承《う》けよ』乃ち、繁陽に壇を為す。庚午、王（魏王・曹丕）、壇に升《のぼ》り、祚《そ》（天子の位）に即《つ》き、百官陪位す。事訖《おわ》り、壇を降り、燎《かがりび》を視て礼を成し、而《しか》して反《かへ》る。（漢の）延康を改め、黄初（魏の年号）と為し、大赦す。

（「魏書」文帝紀）

さて、簡単に記されているとはいったものの、なかなか難解な文である。しかし、ここには、かなり重要な内容が含まれていると思う。ここには、後漢王朝最後の皇帝となった献帝の言葉が記されており、禅譲されたときの様子が描かれている。

いまや漢王朝の天命は尽き、衰退の道を辿り、世は乱れた。今、天の暦数（天体の運行）は、魏の分野にあるので、故事（堯・舜の禅譲）に習い、魏王の曹丕に帝位を譲るといっている。

古代の中国では五行説が信じられ、王朝は順次巡る（水・火・金・木・土〈徳〉）ものと考えられていた。つまり、王朝は一氏族のもとに永遠にあるのではなく、天命により順次交代するもので、常ではないということである（易姓革命＝天命、常ならずして、有徳に帰す）。

このことから中国では、武力による王朝交代であっても、それを天命によるものと主張し、新王朝樹立を正当化（禅譲の形式）する傾向が多くみられるようになる。

しかし、この後漢と魏の交代劇は、本来の禅譲の形に近かったようである。なぜなら当時、すでに後漢は衰退していたし、漢王朝の威厳はまったくないありさまであった。それをかろうじて支えていたのが、曹操の魏の勢力だったからである。その曹操は、生前しばしば禅譲の機会を得ていたにも拘わらず、堅く固辞し、結局、帝位に就くことなく亡くなった。はたして、このときの曹操の真意は計りかねるが、忠臣の「禅譲受けるべし」という進言にも、他言無用を申付けている。のちに、魏の文帝により武帝の諡号《しごう》はあたえられたものの、とうとう曹操自身が帝位につくことはなかった。しかし、結果としては、これが曹氏の私欲による王朝剥奪とならず、かえって衆望一致による禅譲に結びついたようにも思える。

この曹操の死後、先の禅譲が行われた。このとき、曹丕も一応固辞しているが、結局、禅譲を受ける。この点が父曹操とは違うが、すでに機は十分に熟していたということであろう。

先の文からは、このほかにも『三国志』を考える上でいくつもの重要な問題がみえているが、ここは「里数問題」だけに絞って考えてみよう。

魏の曹丕は度量衡を改めた

先の文でまず注目されるのは、「爾《なんじ》の度《たく》(度量衡)、虞舜《ぐしゅん》に克《よ》く協《とと》のう」や「天の暦数、爾躬《みずから》に在り」という言葉だ。

特に前者は、献帝が『尚書』舜典にある「舜は、時日正日を協《とと》のえ、律度量衡を同《ひとし》くし」を引いて、曹丕を称えている。昔から天子は、正朔(暦)を行い、度量衡を統一した。

中国古来の伝説によれば、黄帝は「五量を設け」(『大載礼記』五帝徳)、少昊は「度量を同じくし、律呂を調《とと》のえ」(『世本』帝繫)、禹は「身もて度と為し、称《はか》りて以て出で」(『史記』夏本紀)、周公は「諸侯を明堂に朝し、礼を定め、楽を作り、度量を頒ち、而して天下大いに服す」(『礼記』明堂位)とある。また、秦の始皇帝は「法度、衡石、丈尺を一にし、車は軌を同じくし、書は文字を同じくす」(『史記』秦始皇本紀)とある。

このように、古来、度量衡の統一は、天子の絶対的権力を示威するものであったし、特に始皇帝以降は、中央集権国家構築の上でもっとも重要な政策の一つとなった。

その始皇帝は、五行説を採用し自らを水徳の天子と称した。前王朝の東周が火徳であるから、その火に克《か》つのは水という理屈である（相克五行説＝水→火→金→木→土の順）。

その水徳のもとで尚《たつと》ぶ色は「黒」、尚ぶ数字は「六」であった。そこで、服色（軍旗・軍服など）は黒に整え、度量衡は、六やその倍数を用いた。たとえば、六尺一歩、三百歩一里など。

さらにその上で、度量衡器の製作・管理・配布には専門の役職を設け、それらを厳しく取締まった。こうした政策により、秦の度量衡制は中国全土に衆知徹底され、以降、前漢・新・後漢代の少なくとも約四百－五百年もの間、継承されることになった。

三国時代の魏も、この秦や漢の制度を継承した可能性はある。従来は、そうであろうとする考え方が支配的であった。

しかし、この秦・漢の度量衡制（長里・一里約四三五メートル）をそのまま『三国志』に採用すると、「倭人伝（短里・一里約七七メートル）」などがまともに読めなくなるのは周知のとおりである。私は、ここに何か謎が隠されているのではないかと考える。

そこでまず、先の「天の暦数は、魏に在る」という一文の意味を考えてみよう。この点について、陳寿は、ほとんど何も記録していない。「志」を立てていないので、よけい分かりにくいのだが、幸いにもこれついては、裴松之が『三国志』の中でも、もっとも多くの紙数（字数）を費やして補足してくれている。その注釈によって、漢から魏への禅譲に至る経緯（根拠）がよく分かる。

それを要約すると、次のようになる。

①古代中国では、天を黄道に沿って十二次（分野）に区分し、諸王国は、それぞれその中の一分野に所属していると考えられていた。戦国時代の周（洛陽周辺）は、北の「鶉火《しゅんが》」に所属していた。魏や晋なども、同じ分野に位置していた。

②戦国七カ国時代の魏の都は、周都（洛陽）の東の大梁にあり、周と同じ鶉火の分野にあった。このことから、周と魏は、同じ出自であると考えられていた。中には、同じ氏族であると主張する者もいた。あるいは、魏の氏族の出自は頁項（黄帝の孫）にあり、舜と同祖とは、『春秋世家』に見ゆ（裴松之注）、などの注釈もみられる。

③歳星（土星）は、十二次の分野を巡るが、周の文王が天命を受けたとき、歳星は鶉火に在った。今（西暦二二〇年）、また歳星は鶉火にあって、これは周の分野である。魏が今、天命を受けるのは、周の文王が天命を受けたときと相通じるものである。

右のような進言が相次いだことを、裴松之はさまざまな記録からここに注引している。おそらく、裴松之が『三国志』に注釈するにあたって、ここがもっとも力の入る個所だったと思う。事実、ここにもっとも多くの紙数を費やしている。

ここの一連の記事を整理すると、当時、魏に禅譲を進言した人達は、どうも東周（戦国時代）の魏国と三国時代の魏を結びつけようとしているようである。

その東周の都は洛陽にあったが、その頃の魏国の王都は、その洛陽の東方の大梁にあり、魏は、周と同じ分野にあるというのである。そして今、時代は移り、再び天命は周の分野に巡ってきた。

そこで、周と同じ分野にある魏は、今こそ天命を受けて王朝を継ぐ（禅譲）べきであるというのだ。そして、曹丕は、遂にこれを受け入れた。そのときのことも裴松之は注釈しているが、ここで重要なのは次の記録である。

今、朕、帝王の緒（系統）を承《うけたまわ》る。其、延康元年（二二〇年）を以て、黄初元年と為す。議《はか》りて、正朔《せいそ》（暦）を改め、服色を易《か》え、徴号を殊にし、律度量を同《ひとし》くす。土行（土徳）を承《う》け、天下に大赦し、殊死《しゅし》（死罪）より以下、諸《もろもろ》、赦《ゆる》すに当らざるも、皆、之を除き赦す。

（裴松之注引『献帝伝』）

ここでも、土行（土徳）を承けたとあるし、また、服色を易え、律呂や度量衡を同じくしたとある。陳寿も似たようなことを記録しているが、度量衡についてはいっさい触れていない。

魏の文帝は禅譲を受けた直後、すぐに魏王朝としての新政策を打ち出した。そのとき、魏は土徳のもとにあるとして改革を始めているのである。

そして、土徳のもとでは、色は「黄色」、数字は「五」が尚《たつと》ばれる。そういえば、魏の軍旗は「黄幢《こうどう》」である。

ここで注目されるのは、土徳のもとでは尚ぶ数字が「五」になるということだ。始皇帝は、水徳の天子を称したから、色は黒、数字は六を尚んだ。したがって、度量衡も原則として、六や六の倍数（六尺を一歩、三百歩を一里など）によって定められたが、魏朝の度量衡は、五の数字にこだわっている可能性があるのかもしれない。

ただ、三世紀の魏や呉の遺跡から発見される一尺物差し（十進法）を見ると、いずれも二四センチ弱であるから、秦・漢代のものとほとんど長さの違いはない。

後漢－三国	骨尺	二三・八センチ	遼寧遼陽三道壕1号壁画墓
三国・魏	骨尺	二三・八センチ	甘粛嘉峪関新城2号墓・2本出土
三国・呉	銀乳釘竹尺	二四・二センチ	江西南昌市
三国・呉	銅尺	二三・五センチ	江西南昌譚子口1号墓

また、殷・周・秦・漢・魏の一尺物差しは、いずれも十進法の刻みが付いているので、一寸も、秦・漢・魏、ほとんど同じ程度の長さだったということになる。

そこで私は、秦・漢の度量衡制と魏の度量衡制の違いは、その進法にあるのではないかと考えてみた。始皇帝が「歩・里」に六進法を採用したのに対して、魏王朝は五進法を採ったのではないかということである。しかし、残念ながら、実際にはその形跡は伺えない。『晋書』や『隋書』などの「律暦志」や「天文志」などをみても、三国・晋代いずれも六尺を一歩として計算されていて、秦・漢代と同じになっている。この点、もう少し検討の余地はあると思うが、現状では、この点についてはこれ以上論及することができない。

しかし、このままでは、『三国志』に短里が使用されていることの根拠を失うことになる。

そこで、短里説の論者の多くが、その根拠を『周髀算経《しゅうひ》』に求めている。『周髀算経』については、谷本茂氏の『中国最古の天文学書「周髀算経」之事』などによって、近年とみに著名になっているが、『九章算術』などとともに中国最古の天文算術書といわれ、その完成は後漢末頃とされる。その詳細については、先の谷本氏の著書や、古田武彦氏の『邪馬一国の証明』（角川書店）などを参照していただきたい。あるいは、『晋書』や『隋書』の「律暦志・天文志」にも、比較的詳しくある。

谷本氏によると、『周髀算経』では、一里が「約七六－七七メートル程度」で計算されていて、観測の誤差を考慮するにしても、従来知られていた約四〇〇－五〇〇メートルの里とは明らかに異なる里単位がある点を確認することが重要である、と述べている。

『周髀算経』は、『晋書』律暦志にも取り上げられているが、そこには、測量の公理として「一寸千里の法」がある。

「一寸千里の法」

周の地で夏至の日（南中時）に、地面に垂直に立てた八尺の周髀（表）の影の長さは一尺六寸である。南に千里の地においては影は一尺五寸、北に千里の地においては影の長さは一尺七寸である。よって、八尺の股（周髀・表）に対する勾（影）の差一寸は、地上の距離にして千里に当たる。これが「一寸千里の法」である（前掲『邪馬一国の証明』〈解説にかえて――谷本茂〉）。

少々おおざっぱではあるが、「一寸千里の法」の概念を図示すると図29のようになる。これが、

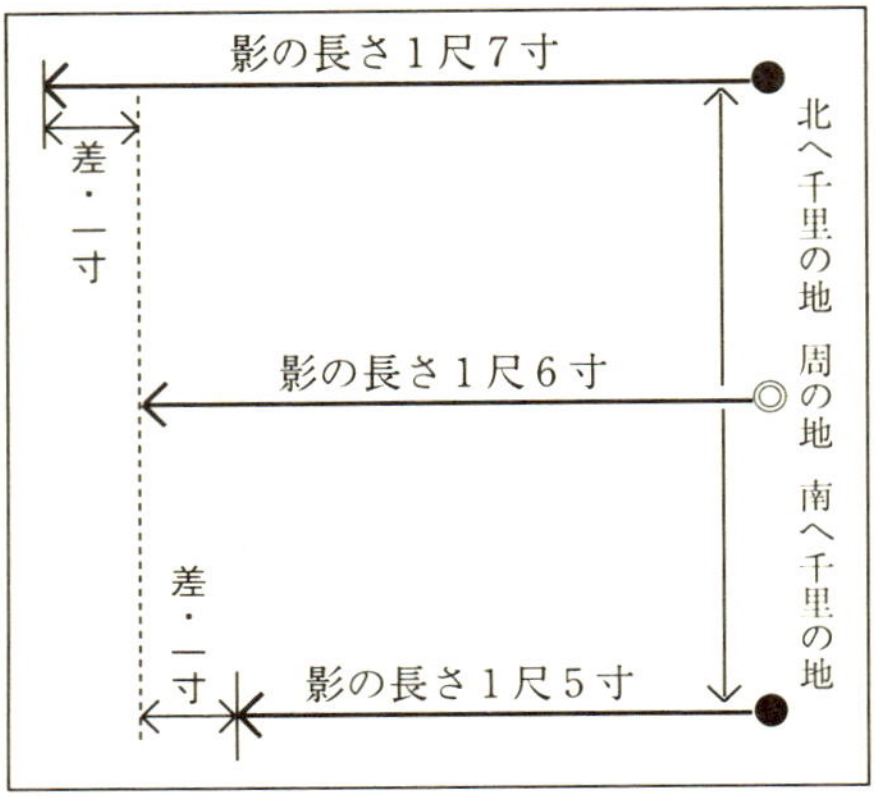

図29：一寸千里の法

天と地の大きさを測るときの基本定数として五世紀中葉まで信じられ、実際に天文観測や距離の計算などに用いられていたのである。

ところが、『隋書』天文志（六三六年成立）に、ようやく「一寸千里の法」に対して疑問の目が向けられたことが記されている。

それによると、宋の元嘉十九（四四二）年の夏至の日の正午、交州（ハノイ）で影を測ると、影は南に倒れ、影の長さは三寸二分であった。一方、地中といわれた陽城（観測起点）では、影は北へ倒れ、その長さは一尺五寸であった。また、陽城と交州の南北の距離差は、一万一千里であった。ここから、何承天という人は、日影の長さの差・一尺八寸二分に対する距離の差・一万一千里ということは、実際は「一寸千里」ではなく、「一寸六百里」になると考えた（宋代の一里は約四四一メートル）。

また、梁の天監七（五〇八）年にも観測が行われた。金陵（南京）と洛陽において、夏至の日の周髀（表）の影の長さが測定されたが、金陵では一尺一寸七分、洛陽では一尺五寸八分であった。このとき、その影の長さの差は四寸一分である。金陵と洛陽の距離の南北差は千里である。（梁代の一里は約四一七－四四一メートル）。

これから計算すると、「一寸二五〇里」となる。この結果から、隋の劉焯（五四四—六一〇）らは、『周髀算経』の「一寸千里の法」は、まったくよるべき根拠がないと論断している。こうして、ようやく五世紀の中葉以降、実測によって「一寸千里の法」の公理に対する疑問が提出されるのである。しかし、その疑問を提起した彼らは、その誤りの原因についておもしろい考え方を示している。

金陵は、洛（陽）を去ること、南北略《ほぼ》千里に当たる。而るに、影の差四寸。則ち、二百五十里にして、一寸の差なり。況《いわ》んや、人路迂廻し、山川を登降し、於いて鳥道（曲りくねった小道）の方、校ずる所、彌《いよいよ》多し。則ち、千里の言、未だ依るに足らざるなり。

ここで『隋書』天文志の撰者らは、「一寸千里の法」の誤りを、古代は二点間の距離の測定は直線的に測るのではなく、地形に沿って測っていたためであろうと推量している。

つまり、まっすぐ測れば二五〇里しかないのに、地形に沿って道なりに測定するために、実際の四倍もの長さ（千里）を測ってしまったのだろうというのである。

しかし、この推測は誤っている。谷本氏の論証にあるように、『周髀算経』の一里が、後世の長里とはまったく違う短里であったことは今や明白となっている。そして、古代中国では、山の高さや、かなり離れた二定点間の距離をほとんど直線的に測ることができていた。したがって、ここの四倍の誤差は、時代による測量方法や技術の差というより、使用された里単位から生じた差異と考えられるのである。ところが、いつしか『周髀算経』の短里は人々から忘れ去られ、「一寸千里」の公理（基本的定数）のみ後世に伝えられたのではなかろうか。

さらに、ここで注目すべきは、五世紀以降の学者ですら、もはや短里という概念を持ち合わせていない点である。魏・晋朝代に短里が使用されていたとするなら、その痕跡は、五世紀にも残っているはずなのに、まったくその形跡すら伺えない。この点は、魏朝の短里を主張する筆者としても、いまだに不審に思っていることは事実である。

しかし、私は、三国時代の魏と呉において、「短里」が使用されていたのはまず間違いないと考える。その理由をあらためて整理すると次のようになる。

一、『三国志』には、明らかに短里で書かれている個所があること。
二、それが「魏書」と「呉書」だけに見られること（「蜀書」は、漢の長里で記録されている）。
三、その「魏書」と「呉書」の短里が、王朝成立以降の記録中にだけに見られること。
四、陳寿は「志」を立てなかったが、魏王朝成立以後、日蝕・月蝕・星の運行などの天体観測や地震・台風（天変地異）など、本来は「志」に相当する記録を撰録していること。これから、魏朝成立後、「魏書」・「蜀書」・「呉書」の本文中において、それぞれ「志」を立てていたとも考えられる。やはり、魏朝成立の前後において筆法の違いがみられることに注目すべきである。また、『三国志』の表題は、その意から来たものかもしれない。
五、魏王朝の成立直後、初代皇帝の文帝が度量衡をあらためて統一したという記録があること。

六、魏は、周と同じ分野にあると考えられていて、周代の魏の古法に復帰した可能性があること。

七、天文観測や距離の計測などの学術・軍事用（天文尺）に使用された単位と、一般社会（常用尺）で使用された単位に差異があった可能性があること。それは、たとえば卑弥呼の冢を、「径百余歩」、沃沮の木槨を「長さ十余丈」としていることなどからも推察できる。

八、『周髀算経』は「短里」で計算されていて、当時、短里の概念があったということ。

私は、以上のことをもって、『三国志』の「短里」・「長里」の併用説を主張する。

天文観測の記録の謎

なお、本項の最後に、「志」について少し触れておきたい。

ここまで再三述べたように、陳寿は「志」を立てなかった。このことは正史『三国志』を考える上で重要な意味をもっていると私は考えている。特に、陳寿の三国時代に対する歴史認識を知る上で、もっとも大事な問題のひとつと思っている。

しかし、この点については、大変難しい問題でもあり、本書では紙数の関係で詳述できない。残念ではあるが、次の機会にさせていただきたい。

ただ、ここでは、天体観測などの記録が魏朝成立後に頻出しているので、その点だけでも確認しておいていただきたいと思う。それは、魏朝成立の前後において、「魏書」、「呉書」に長里と短里の書き分けがなされたことと無関係ではないと考えるからである。
地理志・天文志などの「志」を別に記さなかったけれども、本文中において、それに変わる代替記録が採録されている点に注目していただきたいのである。

＊『魏書』中にみえる天文観測と天変地異の記録（「蜀書」、「呉書」は割愛する）

★印は天体観測、☆印は天変地異と区分した。
なお、後漢代の記録（武帝紀など）には、天文観測などの記録が一切ない。

【文帝紀】（二二〇—）
黄初二年　六月・戊辰・晦《みそか》　★日食有り。
三年春正月・丙寅・朔《ついたち》　★日蝕有り。
秋七月・　☆冀州、大蝗により、民饑《うえ》る。（蝗《いなご》の大発生）
十一月・庚申　★日食有り。
四年　三月・癸卯　★月、心（蠍座）の中央大星を犯す。是の月、大疫。
六月　☆是の月、大雨。伊（水）洛（水）、溢流し、……
五年十一月・戊申・晦　★日食有り。

【明帝紀】（二二七—）

太和二年　五月　☆大旱（大旱魃）。

四年　九月　☆大雨。伊・洛・河・漢の水溢れる。（河川氾濫）

十一月　★太白（金星）、歳星（木星）を犯す。

五年　三月　☆去る冬十月より、此の月に至るに雨なし。

三月・辛巳　☆大雩《う》す。（雨乞いの大祭）

十一月・乙酉　★月、軒猿大星を犯す。

・戊戌・晦　★日蝕有り。

十二月・甲辰　★月、鎮星（土星）を犯す。

六年　三月・乙未　★月、軒猿大星を犯す。

十一月・丙寅　★太白（金星）、晝《ひる》（昼）に見ゆ。翼（州）に孛《はい》星（彗星）有り。太微に近く、將星の上。

青龍二年　二月・乙未　★太白（金星）、熒惑（火星）を犯す。

五月　★太白（金星）、晝（昼）に見ゆ。

冬十月・乙丑　★月、鎮星（土星）、及び、軒猿を犯す。

・戊寅　★月、太白（金星）を犯す。

十一月　☆京都（洛陽）地震。東南より来たりて、隱隱《おんおん》の聲《こえ》（地鳴り）有り。屋瓦揺れ動く。

三年春正月・乙亥　★寿光県に隕石《いんせき》。

四年春二月　★太白（金星）、復《また》、晝（昼）に見ゆ。月、太白を犯し、又、軒猿一星を犯す。太微に入り、而《しか》して出ずる。

秋七月・甲寅　★太白（金星）、軒猿大星を犯す。

冬十月・甲甲　★大辰に孛星（彗星）有り。

・乙酉　★又、東方に孛（ほうき星）。

十一月・己亥　★彗星見ゆ。宦者（宦官《かんがん》）天紀星を犯す。

景初元年　六月　☆京都（洛陽）、地震。

秋七月・辛卯　★太白（金星）、晝（昼）に見ゆ。

九月　☆翼・兗・徐・豫の四州、水（難）に遇う。

二年　二月・癸丑　★月、心（蠍座）の距星を犯し、又、心の中央大星を犯す。

五月・乙亥　★月、心（蠍座）の距星を犯し、又、心の中央大星を犯す。

秋八月・癸丑　★彗星、張宿にて見ゆ。

閏月（十二月）　★月、心（蠍座）の中央大星を犯す。

【三少帝紀・斉王芳】（二三九－）

正始元年春二月　☆去る十二月より、此の月に至るまで雨なし。

二年冬十二月　☆南安郡、地震。

三年秋七月・甲甲　☆南安郡、地震。

冬十二月　☆魏郡、地震。
四年　五月・朔　★日食有り。
五年夏四月・朔　★日蝕有り。
六年春二月・丁卯　☆南安郡、地震。
八年春二月・朔　★日蝕有り。
九年冬十月　☆大風、屋を発《ひら》き、樹を折る。

【三少帝紀・高貴郷公髦】（二五三―）
甘露五年春正月・朔　★日蝕有り。

【三少帝紀・元帝（陳留王）】（二五九―六五）
景元二年夏五月・朔　★日食有り。

以上のように、西暦二二〇年以降、天文観測などの記録が淡々と記されている。後漢代（武帝紀）にはまったくその記録がないことと比較するなら、これが何らかの意図によって記されていると考えるのは自然のなりゆきであろう。

「魏書」は魏の記録であるから、魏王朝成立後を「魏の正史」とするのは当然といえば当然である。したがって、この分岐点（二二〇年）が、「長里」と「短里」の使い分けを考える上で重要な意味をもつと考えることも、また自然なことではなかろうか。

　いずれにしても、ここで述べた「長里」・「短里」の問題は、陳寿の三国時代に対する歴史認識を理解した上でなければ本当の意味で理解できたとはいえない。

　なぜ『三国志』なのか。中国二十五史ある正史の中で、「志」の文字を表題に使用したのは陳寿だけである。他は「書」、「史」、「記」である（『史記』、『漢書』、『南史』など）。ここに、陳寿のこの時代に対する思い（歴史認識）が秘められているように思えてならない。

　こうした点こそが、『三国志』を考える上で最も大切なことであり、それが分かれば多くの謎や問題も解決されると思うのであるが、これについて述べるのは次の機会に譲ることにする。

「倭人伝」の国々

倭国に「クニ」はあったか

「倭人伝」には、倭人語の音を表記したと思われる国が三十数カ国書かれている。

そして、それらの国々は、ふつう、「対馬国《つしまこく》」、「壱岐国《いきこく》」、「末盧国《まつらこく》」、「伊都国《いとこく》」、「奴国《なこく》」、「不弥国《ふみこく》」、「投馬国《つまこく》」、「邪馬台《やまたい》（壹《いち》）国《こく》」などと読まれている。

しかし、当時の倭人がこのような言い方をしていたとはとうてい思われない。なぜなら、「コク」の読みが中国音だからである。

当時の倭人の言語にすでに中国音が入っていたという証拠があげられれば先のような読みも可能であるが、その証拠はないし、通訳を通じて会話していた形跡が多くみられることからも、その可能性には否定的にならざるを得ない。

つまり、当時の倭人はある領域を「○○コク」などとは言っていなかったと考えられるのだ。おそらく三世紀頃の倭人は、「マツラ」、「イト」などと、ただ地名のみで伝えていたのではなかろうか。もちろん、「○○のクニ」などとも言っていなかったと思う。

これは案外重要な問題を提起することになる。もしそうであるなら、三世紀当時の倭人の社会には、まだ「国」という行政区域を示す言葉がなかったということになるからだ。これは、日本国家の成立過程を知る上で重要な問題である。

安本美典氏は、著書『卑弥呼は日本語を話したか』で、「倭人伝」にある国々のうち、「奴」の付く国が九カ国あるが、その内のいくつかは「助詞の『の』」をうつしたものではないかとしている。たとえば、「蘇奴国」は「さがのくに」、「華奴蘇奴国」は「かんざきのくに」の意味ではないかといわれるのである。

その理由として、博多の「博」の中国音は「pak」であり、末尾子音のk音を生かして「はか・はく」と読むように、「蘇」の中国音が「sag」であることから、その末尾子音の g音を読めば、「蘇」は、一字で「さが」や「さき」と読める。

さらに、「奴」を助詞の「の」の意味と考えるなら、「蘇奴国」は「蘇《さが》の国」、「華奴蘇奴国」は「華奴蘇《かんざき》の国」と読めるといわれるのだ。

しかし、この考え方には大きな問題がある。その理由を以下述べる。

一、「奴」を助詞の「の」と読むなら、当時の倭人が「〇〇のクニ」と言っていたことの証明が必要である。倭人が「クニ」という行政区域を持っていたことの証明である。

そして、倭人の言う「クニ」が中国の「国」の意味であることを、当時の中国人が知っていたことの証明も必要である。

二、また「奴国」はどう読むのか。この「奴国」の「奴」が助詞の「の」でないことは明白である。この点は安本氏も認めておられる。

三、次に「鬼国」と「鬼奴国」はどう読むのであろうか。安本氏は、「鬼国」は「木の国」の意味、「鬼奴国」は「毛野《けぬ》の国」のことであろうという。しかし、「鬼奴国」の「奴」を助詞の「の」と読めば、これも「木の国」と読めるはずである。その場合、「鬼国」も「鬼奴国」もまったく同じ意味の国名ということになる。「鬼奴国」の「奴」は助詞の「の」ではないというなら、いったいどのようなケースのときに、助詞の「の」を付けるのであろうか。この点、不審である。

四、「末盧国」、「伊都国」、「奴国」などの「国」を中国音の「コク」でなく、倭人語で「クニ」と読むには少々読みづらい。これらは「末盧のクニ」、「伊都のクニ」、「奴のクニ」と言う方が自然な気がする。日本では中国音が入った以降でも、ずっと「〇〇のクニ」と言っている。もし三世紀当時、すでに「クニ」という言葉が存在していたなら、どうしてすべての国名に「〇〇のクニ」と記されていないのか。ごく一部の国だけ、「〇〇のクニ」と言っていたというのも、やはり不審である。

五、韓国語と日本語（倭人語）は、言語学的には、仮に同じ言語から分かれていたとしても、その起源は五千年以上まで溯らなければならないといわれている。これは仏語と英語が分かれたのと同じくらい昔のことになるという（安本氏による）。

そうすると、日常の基本的言語が違う韓国と、倭人の言語が記された「韓伝」・「倭人伝」

において、なぜこの両国の国々の地名に同じ「国」という文字が使用されているのか。それは、この表記が中国人の認識によっているからではなかろうか。

つまり、「国」という概念はあったとしても、まだ当時の韓国や倭人の国には、「クニ」に相当する言語はなく、この表記は中国人の手によるものと考えられるのだ。たとえば、「辰韓伝」には、「国を名して、邦と為す」の記述がある。

つまり、辰韓では中国で言うところの「国」を「邦」と言っているというのである。では、辰韓の国々を「○○邦」と表記しているのかといえばそうではなく、やはり「○○国」と表記している。これから推察するなら、やはり「国」の表記は中国側の認識によるものと考えてよいのではなかろうか。

もし、倭人の国に「クニ」などという言語があり、それを三世紀の中国人が「国」と同義と理解していたなら、おそらく「辰韓伝」のように、「倭人は、国を名して、軍尼《クニ》と為す」などと記していたのではなかろうか。しかし、その形跡すらないことを鑑みるなら、やはり当時の倭人語に「クニ」という言葉はまだ無かったと考える方が穏当であろう。

中国の文献に倭人語の「クニ」と思われる文字が初めて登場するのは、七世紀に編纂された『隋書』（俀国伝）である。

軍尼《クニ》、一百二十人有り。猶、中国の牧宰（地方長官）のごとし。

八十戸に一伊尼翼《イナギ》（稲城？）を置き、今（隋代）の里長（村長）の如くなり。十伊尼翼は、一軍尼に属す。

ここの「軍尼」が、後にいう「国」のことかどうかはっきりしないが、私はそうではないかと考える。中国側（隋朝）は、「軍尼」や「伊尼翼」を官職名と考えているフシがあるが、実際は行政区を示す言葉だったのではなかろうか。

つまり、一二〇人の軍尼がいたのではなく、一二〇の軍尼（国）があったということであり、その軍尼にはそれぞれ国王に準じる人がいたということであろう。

また、伊尼翼も村長ではなく、村そのもののことと思われる。したがって、およそ十村単位で「一国」を形成しているというようなことだったのではなかろうか。もしそうであるなら、漢代以前には百余国あったものが、卑弥呼の時代には三十国となり、それが隋代になると、また一二〇カ国で一民族国家（倭国）を構成していたことになるから、この点も日本国家の成立過程を知る上で重要な問題提起となり得る。

さらに、隋代においてさえも、倭人語の「軍尼」を中国人が「国」の意味と理解していない点に注目すべきである。このとき、「軍尼」を「牧宰」と同義と解していることをみても、言語が違う国の人たちが話を伝え合う場合、通訳を通しても意味の違いが生じるというよい証明にもなっていると思う。

六、最後に「奴」の音をみてみよう。助詞の「の」は「乙類のノ」である。それに対して、「奴」は本来「甲類のノ」を表す文字として使用される。音もあわない。この点についても、安本氏は認めておられる。やはり、「○○奴国」の「奴」を助詞の「の」と読むのは少々苦しいようである。

さて、いずれにしてもここまで述べたように、私は三世紀の倭人語にはまだ「クニ」などという言葉は存在していなかったと思う（あったかもしれないが、証明できない）。

それが制度（言語）として取り入れられるのは、五―六世紀以降になって積極的に中国の文化（仏教の伝来など）・制度を受け入れる時期まで待たなければならないと思う。

そのとき、なぜ倭人が「国」を「クニ」と言ったのかはよく分からないが、これは今後の研究課題として今は保留しておきたい。

私は、卑弥呼の時代の倭人は、自分たちの領域については、それぞれの地名を「イト」、「ナ」、「ヤマト」などと喋っていたと考えたい。それを聞いた魏の記録官が、勝手に「イト国《こく》」、「ナ国《こく》」、「ヤマト国《こく》」などと「国《こく》」の字を付記したのではなかろうか。

以上、「倭人伝」、「韓伝」の「国」の表記について考察してきたが、従来ややもするとそれらを「○○コク」と当たり前のように読んできた。

しかし、私はそれに疑問を感じる。まだ断言はできないが、三世紀の倭人が「クニ」と言っていたということを積極的に支持する材料は、いまだに見当たらない。

卑弥呼の時代、「国王」はいなかった

倭人は、帯方の東南大海の中に在り。山島に依りて国邑を為す。旧《もと》、百余国。漢の時、朝見する者有り。今、使訳通ずる所、三十国。

右の「倭人伝」の書き出しを見ると、卑弥呼が倭王であった当時、倭国には三十国あったと記されている。

しかし、その国々の最高責任者であるべきはずの「国王」の記載が一切みられない。三十もの「国」があったのなら、当然、その国々の統括責任者は「国王」のはずである。

現に、范曄の『後漢書』（倭伝）には、次の記述がある。

倭は、韓の東南大海中に在り。山島に依りて居を為す。凡《およ》そ、百余国。武帝、韓を滅してより、使訳通じる者、漢に於いて三十許国。国、皆《みな》王を称し、世世伝統す。

この『後漢書』（倭伝）によると、後漢代の倭の国々には「王」を称する者がいて、それは代々伝統（世襲？）されていたというのである。

もちろん、この「国王」を、当時の倭人が「コク・オウ」などと中国音で発音していたはずは

ないので、おそらく、倭人語の「王《きみ》（君）」に地名を冠して「イトの王《きみ》」や「ヤマトの王《きみ》」などと言っていたと思われる。

しかし、陳寿の「倭人伝」で「王」として扱われるのは、女王の卑弥呼と狗奴国の男王の卑《ひ》弥弓呼《みくか》だけであって、それ以外の国々に「国王」はいなかったようにみえる。陳寿は、その国々の最高責任者を「国王」ではなく、「官」として記している。

『後漢書』も『三国志』も、倭国には三十国あったといっているのに、その国々の統率者を、范曄は「国王」として扱い、陳寿は「官」とするのである。

たとえば、「倭人伝」には、対馬国や壱岐国の官は「卑狗《ひこ》（彦）」、伊都国の官は「爾支《にき》」、不弥国の官は「多模《たま》（玉）」、投馬国の官は「弥弥《みみ》（耳）」などとある。

この両書を比較してみると、後漢代から三国時代にかけての倭国の政治体制の変遷がみえてくる。まず、後漢代の倭国には、まだ「倭王」と呼べる者がいなかった。諸国は、国王のもと、倭国（倭王）の覇権を争っていたのであろう。逆にいうと、後漢時代の倭国には、国々のそれぞれに「国王」と呼べる者がいたことになる。

しかし、諸国の王たちは、長年にわたる戦争に嫌気がさしたのか、やがて争いを止め、皆で共に卑弥呼を「倭王」に立てたのである。ここにようやく、倭民族全体の統率者たる「倭王」の出現をみた。これが西暦一八四年前後のことといわれている（恒霊の間）。

おそらく、後漢代の倭諸国の政治は范曄のいう国王のもと、それぞれ国ごとに行われていたと考えられる。しかし、後漢末になると、諸国の「国王」の上に、「倭王」として卑弥呼が立った。

そこで陳寿は、『三国志』では「国王」の存在を消し、「官」に改めるのではなかろうか。

つまり、「王」は最高権力者の称号であるから、民族の代表者たる「倭王」が立った今、それは卑弥呼だけに許される称号になったということではなかろうか。

また、この「王」や「官」という呼称自体が、元々中国側の認識から出た表記のようにもみえるが、もしそうなら、陳寿にはこの頃の倭国の権力が「倭王」である卑弥呼に集中しているようにみえたのではなかろうか。そうでなければ、それまではいた諸国王の存在が消されてしまう理由が分からない。

倭国の政治体制

ここの問題は、陳寿が諸国にいた「国王」の存在を「倭人伝」で消していることである。范曄のいう「国王」が、いつのまにか「官」に変わっていることが重要なのだ。

そこで、この表記の変化を整理してみよう。

（後　漢　代）→（歴年主なし・倭王不在）→諸国の国王《きみ》（No.1）→官（No.2）
　　　　　　　　　　↓　　　　　　　　　　↓　　　　　　↓
（三国時代）→倭王《おおきみ》（卑弥呼・No.1）→官（No.2）→副官（No.3）

このように、諸国の王や官たちは、卑弥呼が倭王に立ってからは、「国王」は「官」に、「官」

は「副官」に格下げされているようにみえる。

ただし、これはあくまで中国側（陳寿）の認識を推察した上でのことであって、倭国内では、「元国王」たちがどういう扱いになっていったのかはよく分からない。

仮に、倭国内でも、諸国の元の王を「官」として扱ったというのであれば、これは卑弥呼のもとに権力が集中していたことになり、「中央集権国家」が成立していた可能性さえある。

そうではなく、諸国王の独自性は残されたまま、卑弥呼を倭国の盟主的立場として仰いでいたにすぎず、これは「封国制」であったとする考え方もできるかもしれない。しかし、この場合は「漢の委の奴国王」とほとんど同じ立場となるから、はたして卑弥呼が、中国側から「倭王」の称号を受けるにふさわしい立場であったかどうかは、少々疑わしくなる。

陳寿は、卑弥呼が「倭王」に共立されたことによって、一応は卑弥呼の下に中央集権国家の体裁が整ったとみて、諸国の王を「官」として扱うのではなかろうか。

中国では、周代までは原則として、諸国の独自性を認めた封国制であった。したがって、諸国の列侯たちは、周王朝の支配下にあっても、その国において独自性を発揮することができたが、それを改めたのが秦の始皇帝であった。周代末にはすでに各国において郡県制が敷かれ、中央集権体制のはしりはみえていたのであるが、全土を統一した始皇帝は、これを中国全土において採用したのである。これ以降、諸国王（封国制）は、一応消滅した。以後、秦の国家体制は、郡県制に移行し、中央から任命された官吏を派遣することによって、中央集権制の基盤が固められてゆくのである。

卑弥呼の時代の倭国も、ちょうどこのような中国の政治体制の変遷と似た過程を辿っていたのかもしれない。少なくとも、陳寿はそう見ていたようにみえる。そういう認識から後漢代の「国王」を、卑弥呼直属の「官」として扱うのではなかろうか。

ところが、この頃の倭国には、いまだに旧態依然たる体制の国があった。それが「狗奴国」である。ここは、前にも検証したが、再度見てみよう。

其の南、狗奴《くな》国有り。男子を王と為す（卑弥弓呼）。其の官に狗古智卑狗《くくちひこ》有り。女王（卑弥呼）に属さず。（狗奴は「隅《くま》」、狗古智卑狗は、熊本の「菊池の彦（日子）」の意か）

このように、卑弥呼の時代、この狗奴国には「国王」と「官」がいたとあるが、これによって、狗奴国が卑弥呼の政治体制の枠組みの中に入っていなかったことが分かる。

陳寿は、その理由を「女王に属さず」と記すことで明瞭にしている。狗奴国の「男王」は、卑弥呼を「倭王」とは認めず、自ら「狗奴国王」として独自性を主張し、倭王の卑弥呼と戦い続けるのである。

したがって、狗奴国では、№1が狗奴国王の卑弥弓呼であり、№2が官の狗古智卑狗となる。かりに、狗奴国が卑弥呼の支配体制に組み込まれていれば、この男王の卑弥弓呼が官となり、官の狗古智卑狗が次位の副官となったはずである。あるいは、国王の卑弥弓呼は排斥され、狗古智卑狗がそのまま№2の官の地位に留まるのかもしれない。

それを裏付けるかのように、この狗奴国の個所には「副官」の記載がみられない。それは、卑弥呼以前の倭国が、「国王」とそれを補佐する人物（官）によって行われていたことを図らずも示唆しているようにみえる。つまり、卑弥呼以前の倭の国々の政治は、国王主導のもと、官の補佐によって行われていたと推察されるのだ。

ところが、卑弥呼を倭王に擁立した倭国では、諸国の王たちは必然的に倭王の次位に甘んぜざるを得なくなった。陳寿の認識もそこにあって、国王は官に、官は副官として表記されることになったと推察する。

尚、表2は、「倭人伝」に記された倭の国々の官名をまとめたものである。

陳寿は、当時の倭国の政治体制をある程度、把握していたと思う。

したがって、ここは三世紀の倭国、および、日本国家の成立過程を知る上で重要なところとなる。また、ここで大切なことは、諸国が皆で卑弥呼を「共立」していることである。諸国の王たちは、最高位である倭王の地位を民主的に卑弥呼に譲ったのだ。

ここに「倭王」の歴史的意義がある。この共立という過程があったからこそ、中国（魏）も卑

表2　倭人伝に記された倭の国々の官名

国名	王名	官名	副官名
狗邪韓国		記載なし（通過したため）	記載なし

対馬国		卑狗（彦）	卑奴母離《ひなもり》（夷守《ひなもり》）
壱岐国		卑狗（彦）	卑奴母離（夷守）
末盧国		記載なし（通過したため）	記載なし
伊都国		爾支《にき》	泄謨觚《しまこ》（島子） 柄渠觚《ほここ》（矛子） （一人称か二人称か？）
奴　国		兕馬觚《しまこ》（島子） これを兕馬觚《しめこ》と読めば奴《な》の兕馬觚《しめこ》となるから、難升米《なしめ》の名との関連も想起される	卑奴母離（夷守）
不弥国		多模《たま》（玉）	卑奴母離（夷守）
投馬国		弥弥《みみ》（耳）	弥弥那利《みみたり》（耳垂・耳成）
邪馬台国	卑弥呼（日御子・女王《ひめみこ》）	伊支馬《いくめ》（活目）	副官名の記載なし
		弥馬升《みまつ》（御体処《みまつ》）	上の四つが同順位の者
		弥馬獲支《みまわき》（御体傍《みまわき》）	（官）かどうかは不明
		奴佳是《なかて》（中手・中臣）	多分、同位とは思うが
狗奴国	卑弥弓呼（彦御子・男王《ひこみこ》）	狗古智卑狗《くくちひこ》（菊池彦）	副官名の記載なし

＊官名の読みは、主に安本美典著『卑弥呼は日本語を話したか』を参照

弥呼を「親魏倭王」として承認できたと思われるからである。

范曄の『後漢書』に、世世伝統したとある「国王」が、陳寿の『三国志』（「倭人伝」）で、その伝統を絶ってしまうのは、倭国がこのような歴史的変遷を遂げたことを、図らずも示唆していると思われる。

これは、「漢の委の奴の国王」から「親魏倭王」への印文の変化の中にも見て取れるのである。

「しまこ」についての一考察

ところで、倭国の官名の中に、奴国の官を「兕馬觚」、伊都国の官を「泄謨觚《しまこ》・柄渠觚《ほここ》」と記している。この「兕馬觚」と「泄謨觚」を、はたして「しまこ」と読めるのかという問題はあるが、この点については、安本美典氏の著書『卑弥呼は日本語を話したか』に詳しい論証があり、安本氏は、その可能性が高いといっている。以下、同書から、その主旨が述べられた個所だけを紹介しておく。

①「兕馬觚」は「島子」

「兕」は音が「zii」で、ふつうによめば「ジ」であるが、古代の日本語では、語頭に濁音がくることは、原則としてありえないから、万葉仮名として使用例のある「四（sii）」や「死（sii）」と同じとみて、「し」をあらわすとみてよいであろう。とすれば、「兕馬觚」は、まず、ふつうによめば「しまこ」で、「島子」である。

②「泄謨觚」を考える

「泄」の上古音は「siat」、中古音は「siɛt」である。これらの音にやや近い音をもつ「施（上古音thiar　中古音ʃiĕ」が、万葉仮名としては、「し」に用いられているので、「泄」を、「し」と読む。「謨」は、「模」と同音なので、その上古音により、官名「多模《たま》」の場合と同じく、「ま」と読む。よって、「泄謨觚」は、「兕馬觚」と同じく、「島子《しまこ》」と読む。この可能性がもっとも大きい。

安本氏は、このように述べ、「兕馬觚」と「泄謨觚」のいずれも「島子《しまこ》」と読む可能性がもっとも大きいといっている。

また、「島子」の名についても、『丹後国風土記』逸文には、「島子」が十五回、「水江浦嶋子《みずのえうらしまのこ》」が三回、「美頭能睿能宇良志麻能古《みずのえのうらしまのこ》」が二回、『日本書記』の「雄略天皇紀」には、「浦嶋子《うらしまのこ》」が二回、「采女《うねめ》、山辺《やまのべ》の小嶋子《こしまこ》」が一回、そして、『日本古代人名辞典』の『寧楽遺文』には、「嶋古麻呂《しまこまろ》」、「嶋古万呂《しまこまろ》」、「川原連嶋古《かわはらのむらじしまのこ》」、「橘戸若島古《たちばなどわかしまこ》」、「山辺小嶋子《やまのべのこしまこ》」などの名があらわれることからも、おそらく、「兕馬觚」と「泄謨觚」は、「島子」をうつしたものであろうと述べている。

私も、これを支持する。「兕馬觚」と「泄謨觚」は、「島子」の意と考える。

しかし、この「島子」とは、いったいどういう意味なのであろうか。

私は、その原意が地名にあると考えているが、それについて、小川亥三郎氏の著書『南日本の地名』に、「島子」に関するおもしろい考証があるので、その中から必要な個所を要約、抜粋して紹介してみよう。

小宝島の古名、島子について

鹿児島県十島村《としまむら》は、昔は七島《しちとう》と呼ばれていた。七島の南端に宝島があって、その北の小宝島と南の横当島（別名、沖宝島）は、昔から宝島の属島として取り扱われてきた。

小宝島では、自分達の住む小宝島のことを島子《しまご》とも呼んでいる。宝島から小宝島を呼ぶ場合も島子と呼ぶことがある（図30参照）。

シーボルトが弟子の高橋景保の著書を訳した『日本辺海略図』によると、小宝島は「Ｓｉｍａｋｏ」と書いてある。また、シーボルト補訂の日本製『九州南西海図』にも、「Ｓｉｍａｋｏ」と書いてある。

シーボルトの「Ｓｉｍａｋｏ」は、現代の発音「しまご」と清濁の差こそあれ、きわめて類似していて、小宝島の古名が島子《しまこ》であったと推定しうる有力な証拠を提供している。シーボルトの著書では七島の島々の名前の語尾に「Ｓｉｍａ」という字がついているのに、「Ｓｉｍａｋｏ」だけにはそれがついてない。このことからも、島子という島名には元来語尾に島の字がついていなかったと考えてよい。

小宝島は天保十四（一八四三）年の『三国名勝図会』には島子島とあるが、これは島子島の誤刻であろう。明治四（一八七一）年の『地理纂考』には嶋子嶋とある。ところが、明治十七（一八八四）年の白野夏雲著『七島問答』には小宝島とあるから、この間に名前が変わったようである。

しかし、ここの『三国名勝図会』や『地理纂考』には島子島とあって、語尾に島の字がついている。これは本土の島名には、桜島、甑島《こしきじま》、長島などのように、必ず語尾に島の字がついているのが通例であって、両書は地理書としての体裁をととのえるため、島名の語尾には統一的に島の字を添えたものと思われる。

『三国名勝図会』に「七島とは、口島、中島、平島、諏訪瀬島、臥蛇島、悪石島、宝島、是なり」とあるように、島子（小宝島）は七島に含まれていない。それは古来島子は、宝島の属島として、宝島と共に一括して取りあつかわれるのが通例だったからである。

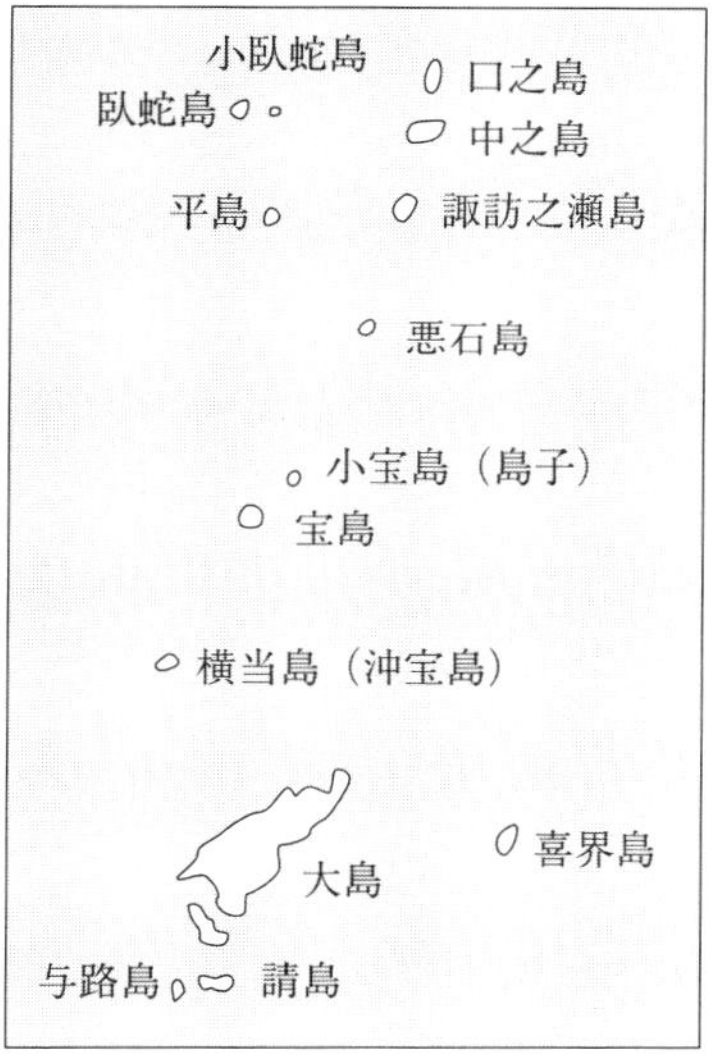

図30：小宝島とその周辺
（小川亥三郎著『南日本の地名』より）

以上のことから、小宝島は古名を島子《しまご》といったと考えられる。それでは、島子という耳慣れない島名の意味は何であろうか。

奄美大島の南に請島《うけじま》があるが、その請島のすぐ南にジャナレ島がある。そのジャナレ島の傍らの小さい島を「ジャナレの子」という。また、請島の東に木山島があって、その傍らの小さい島を「木山の子」という（図31参照）。

この場合、ジャナレ島は母島であり、「ジャナレの子」はその子供という意味である。また、木山島も母島であり、「木山の子」はその子供という意味である。

これらの例から推定して、宝島を母島とすれば、島子は「宝島の子」という意味になろう。つまり、「宝島の子」を略して「島子」といったのではなかろうか。（以上、小川亥三郎著『南日本の地名』より要約抜粋）

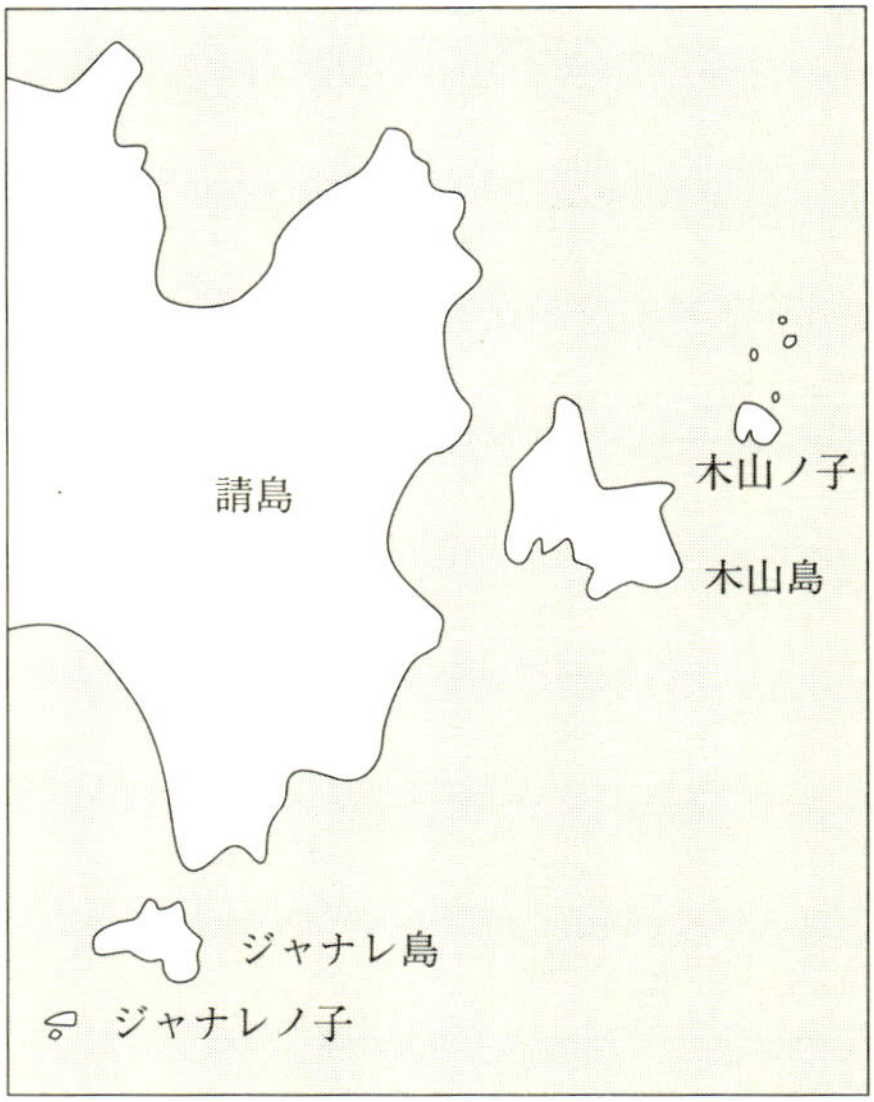

図31：ジャナレノ子と木山ノ子
（小川亥三郎著『南日本の地名』より）

さて、このように「島子」の名に関して大変興味ある事実が分かってきた。小川氏は、「島子」とは、母島に対して付属する「子供の島」の意味であろうといわれるのだ。たしかに、実在する地名や現地の地形に基づくこの見解には説得力がある。

私は、「島子」についてはこの説を支持したい。よく考えてみると、日本列島は「島子」だらけである。小川氏は、この「島子」の地名は、地域的にみて奄美文化的特色を表わすものともいっておられるが、それはともかく、九州島の南に「島子」の地名が残っていることは看過できない事実である。また、「島子」という人名は電話帳にも載っているし、聞くところによると、鹿児島県には、かなりの数の「島子さん」がおられるそうだ。

先にも述べたように、古い文献の中にも「島子」の人名が散見されることと併せて考えるなら、「島子」はかなり古い倭人語のようにみえる。そして、九州の南方、あるいは南の島々には、その原意を残した地名が残されているのではなかろうか。

そういえば、狗奴国の官・狗古智卑狗《くくちひこ》も地名に由来しているといわれる。「くくち」は「括られた土地」の意味であろうが、「和名抄」では熊本県の菊池を「久久知《くくち》」としている。熊本県菊池郡は、山間の風光明媚な場所としてよく知られており、「括地《くくち》」の名はその地形をよく表わした地名である。ここから、狗奴国は「熊本」、狗古智は「菊池」のことと考えられ、いずれもその地名とよく通じている。

これらから、「伊都国」や「奴国」の官名の「島子」も、もともとは地名に由来している可能性があり、九州北部にもその地名の名残《なごり》をみせているかもしれない。そういえば、「記紀」の国生み神話に出てくる島の名の中にも「島子」を伺わせるものがある。

……次に隠岐の三つ子の島を生みたまいき。……
然ありて後環ります時に、吉備の児島を生みたまひき。……

次に両児の島を生みたまひき。またの名は天の両屋《ふたや》といふ。

（『古事記』神代紀、島々の生成より）

このように、「島の子」に連絡される地名意識が、かなり昔からあったようである。

そして、九州北部にも島の付く地名が多くある。しかし、残念ながら「島子」という名はどこにもない。ただ、私には「能古《のこ》島（残島《のこのしま》）」が、ややそれに近い音を残しているようにみえる。先の嶋子嶋の例もあるので、この「のこの島」も、以前は「島《しま》の子《こ》」や「島《しま》の子《こ》の島《しま》」などと呼ばれていたものが、いつの間にか語頭の島が取り除かれたか、訛って「のこ」や「のこの島」と呼ばれるようになったとは考えられないであろうか。

能古島は博多湾に浮かぶ島で、作家の壇一雄が晩年を過ごした所である。そのすぐ西側には、糸島半島の「志摩町」がある。この志摩町は、縄文時代晩期頃までは本当の島だった。今の糸島の地名も、怡土《いと》郡と志摩郡（嶋郡《しまのこほり》）が合併してからのものである。その志摩町のすぐ側に浮かぶ能古島は、嶋（志摩町）に対する「嶋の子」ともいえるのではなかろうか。

少々苦しい気がしないでもないが、元々「能古島《のこのしま》」という地名自体が珍しい名でもある。一説によれば、「能古島」の名は、元はもっと大きな島であったものが、地震によって沈没し、今ある島だけが残ったので、「残島《のこのしま》」といわれるようになったという。しかし、これも俄かには信じ難い。地名から起こった説話の類ではなかろうか。

私は、ここ能古島が、伊都国、あるいは奴国の官「島子」の本拠地であり、案外「島子島」の地名を「残した島」だったのではないかとも考えている。井上陽水ではないが、私の場合は「能古島への片思い」なのかもしれないが。

卑弥呼の墓

卑弥呼の墓は「冢」だった

卑弥呼の墓は、古墳だったのか。

これも、邪馬台国問題を考える上で重要な問題であり、議論の尽きることがない。もし、それが古墳であれば、近畿説に断然有利となる。

しかし私は、文献学の立場から、これを明確に否定しておきたい。その根拠は以下の通りである。

卑弥呼、以て死す。大いに冢《ちょう》を作る。徑百余歩。（「倭人伝」）

右が卑弥呼の墓の形態を説明したものであるが、原文には「大作冢」とある。これは、普通に読めば、「大いに冢を作る」となる。この「大いに」は、「冢」ではなく「作る」に掛かっている。

このような「大いに」の用例は、『三国志』には多くみられる。たとえば、次の通りだ。

○大破之　（大いに之を破る）
○大曜兵　（大いに兵は曜《かがや》き）
○大作海船　（大いに海船を作らしむ）　など

ここの「大」は、いずれも「破る」、「曜く」、「作る」に掛かっている。それに対して、次の用例はどうであろうか。

イ　江表伝曰、権（孫権）、於武昌、新装大船。名為長安、試泛之釣台圻。
（「呉書」裴松之注引）

ロ　（建興）四年春、都護李厳《りげん》、自永安還住江州、築大城。
（「蜀書」後主伝）

ここでは、明らかに「大船」や「大城」と書いていて、船や城そのものが大きいといっている。現に、イの「長安」は三千人乗りの大船だった。さらに次の一文との比較が分かりやすい。

其葬、作大木槨。長十余丈。
（「魏書」沃沮伝）

ここには「大いに木槨を作った」のではなく、「大木槨を作った」とある。仮に、卑弥呼の墓が古墳であれば、せめて「作大冢」か、もしくは「大作墳」とすべきであろう。

陳寿は、この「冢（塚）」と「墳」の違いについても、次のように記している。

> 亮（孔明）の遺命により、漢中・定軍山に葬る。因りて、山を「墳」と為し、「冢」は、棺を容《おさ》むるに足る。斂《れん》（なきがら）は、時を以て服し、器物を須《もち》いず。（「蜀書」諸葛亮伝）

ここでは、明らかに「墳」と「冢」を書き分けていて、山そのものを「墳」と見做し、冢は、棺が入る程度の小さなものであったとしている。これを見る限り、墳は冢より大きく、冢とは、いわゆる「塚」程度のものだったように思える。

同じ『三国志』の中で、卑弥呼の墓は「冢」であったとはっきり書かれている。仮に、卑弥呼の墓が箸墓古墳（全長二五〇メートル以上）のような大古墳であったとすれば、はたして「大作冢」と書くであろうか。やはり、「大作墳」とすべきではなかろうか。

この点、すでに古田武彦氏の論証がある（『邪馬台国はなかった』ほか）。

さらに、「韓伝」（馬韓の条）には次の記述がある。

> 居所には、草屋・土室を作り、形は冢の如し。戸は、其の上に在る。

これを見る限り、やはり「冢」とは、一般的にいう「塚」や「墓」のような形態で、いわゆる「大古墳」とは異なっているようである。

また、「倭人伝」にも次の記述がある。

其の死には、棺は有るも槨（墓室）は無く、土を封じて冢を作る。

ここでも、倭人の墓は「冢」とある。しかも、「槨《かく》」はなかったというのである。ところが、現在発掘されている古墳のほとんどが槨（墓室）を持っている。最近発掘調査されたホケノ山古墳は、一部の研究者によれば、卑弥呼の父か祖父の墓ではないかという。しかし、そこには「棺」も「槨」もあった。どうしてこれが、卑弥呼の先人の墓になり得るのであろうか。

そういう研究者の見解には、とても納得できないし、理解に苦しむ。しかも、そういう研究者は、古墳の築造年代をより古くしようとする傾向がある。その理由もまたはっきりしていて、卑弥呼の死亡年（二四七）を強く意識しているためだ。私には、彼らが箸墓古墳を卑弥呼の墓に見立てようとして、かなり無理な解釈をしているように思えてならない。

張政の来日《倭》と帰国

また、近畿説の多くが、二四七（正始八）年に倭国に来た張政が、卑弥呼の死後十数年間にもわたり、そのまま倭国に留まっていたかのように解釈する。その理由は、古墳が一朝一夕にできないためだ。その完成には少なくとも十年程度はかかる。『日本書紀』の「仁徳天皇紀」には、仁徳天皇が自分の陵（百舌鳥《もず》野御陵《ののみささぎ》・大山古墳か）を亡くなる二十年も前から築造させたとある。

以前、ゼネコンの大林組が、この大山古墳を当時の技術で造ると何年くらいかかるのかを試算していたが、それによると、その労働に一日延べ約八千人が八時間従事したとして、およそ十五、六年は掛かったと算出している。現代の土木技術をもってしても、一年半から二年程かかるとのことであった。

つまり、古墳はそう簡単にできる代物ではないのだ。そこで、卑弥呼の墓を古墳と考える人たちは、張政が長く倭国に留まり、その完成を見たのち帰還したと考えるのである。

しかし、陳寿の筆法をみる限り、後年の張政の帰国を何の断りもなく、正始八年の記事の中にそのまま平然と書き留めておくとは考えられない。

張政は、正始八年にやって来て、その年のうちに速やかに帰国しているのである。なにしろこの年は、卑弥呼の死・男王立つ・内乱（千人が殺される）・壹与を倭王として鎮静化する、などの大事件が連続して起きたのだ。その混乱の原因を中国側が作ったとする筆者の考え（拙書『「倭人伝」を読む』参照）では、当然、その顚末について、すぐに魏廷に報告する必要があった。

そして、同時に、新たに倭王となった女王壹与も、卑弥呼の後継者に就いたことを魏朝に報告し、改めて親魏倭王としての承認を受ける必要があった。したがって、張政が帰国するにあたり、自らの使者をも同行させ、朝貢を兼ねて、洛陽（臺）に送還させたのである。

かりに、張政がずっと後年になって帰国したのであれば、当然、その年の年号に改めて記していたはずである。しかし、実際には、これら一連の事件はすべて魏の正始八年のこととして記されている。

また、もし張政が長年にわたって倭国に留まっていたなら、「其の余の旁国、遠絶にして詳らかにするを得ず」などという、何とも怠慢な報告をするであろうか。二十年ほども倭国にいたのであれば、すべての国々のことはもちろんのこと、倭国の総面積や総世帯数などはある程度詳細にできていたはずである。

また、張政の帰国と壹与の朝貢の年を、晋朝の泰始二（二六六）年十一月とする説がみられる。その根拠として、『晋書』（倭国伝）に、「泰始の初め、使を遣わし、訳を重ねて入貢す」や、『晋書』（「武帝紀」泰始二年の条）の「十一月己卯（五日）、倭人来たりて方物を献ず」などという記事があることから、それと関連付けようとするのである。

しかし、これにもほとんど根拠がない。なぜなら、陳寿は『三国志』において、「魏書」は「二六五年」まで、「蜀書」は「二六四年」まで、「呉書」は「二八〇年」までを書いているからだ（ただ、死亡記事などは、例外的に晋代のことまで伝えているものがある）。つまり、いずれもその王朝の最後を伝えたところで終えていて、晋朝の時代のことについては原則言及していない。これは「東夷伝」についてもいえることである。それが、「倭人伝」においてのみ、年号を書き改めることもなく、晋代のことまで書いたというのはいかがなものであろうか。

二六六年の倭の女王（壹与？）の朝貢には別の意味があった。親魏倭王であった女王にとって、魏の滅亡は、親魏倭王の権威の消滅でもあった。当然、中国を宗主国と仰いでいた倭王にとって、新たに権威の保証（後ろ盾）を得る必要があったのだ。そのために、魏に取って替わった晋朝に朝貢し、改めて倭王に封じるよう請願したと考えるべきであろう。魏の滅亡が二六五年十二月、倭の女王の遣使朝貢が翌年の十一月である。晋朝の成立から一年内に朝貢しているということの意味は、こう考えるのがもっとも穏当である。

壹与が立って以来、出先の帯方郡にはしばしば使者を遣わしているが、洛陽に使者を遣わしたという明確な記録は、就任時（二四七年）と、このとき（二六六年）だけなのである。私には、それがそれぞれ特別な意味をもつ朝貢であったと思える。

このように、張政の長期滞在説には、ほとんど根拠はなく、私には容易に理解できない。陳寿がここの年代を書き改めていないということは、この一連の記事は、すべて「正始八年」の事件と解釈するのが常識的な見解となる。書かれてもいない年代を勝手に想像するのは、卑弥呼の墓を古墳と見做すところから来ていると考えられるが、これは、やはり恣意的解釈といわざるを得ない。

以上述べたように、私は文献学の立場から「卑弥呼の墓＝古墳（箸墓古墳）」とする考え方には、まったく否定的である。

古墳の時代編年の疑問

また、考古学の見地からも、現状の古墳の時代編年には少々懐疑的であり、今後、考古学者による良識ある見解を期待したい。この問題は、韓国南岸域の前方後円墳の成立時期（四世紀後半―）との関連も考慮されるべきだと思う。

韓国の前方後円墳の出現時期については、以前は、日本とほとんど時期（三世紀後葉）を同じくしていると考えられていたが、近年の慶星大学校文科大学助教授の申敬徹《シンギョンチョル》氏の研究によれば、実際はもっと後世（五世紀前葉）のものではないかという。

実際に円墳に象徴される高塚の出現は、出土遺物の厳密な検討から類推すると、早くても、五世紀前葉、大体五世紀中ごろからです。

（論文「蔚山検丹里遺跡と金海大成洞古墳群〈韓国の古墳と葬制〉」）

日韓のどちらが古墳の先進地域であったかは分からないが、相互の関係は深く、それほど出現時期に差はなかったように思われる。先のホケノ山古墳なども、私は、四世紀前半を遡ることはないのではないかとみている。すでに安本美典氏や奥野正男氏などが主張しておられるように、出土した画文帯神獣鏡などは、中国では、主に東晋朝（三一六年―）時代以降に作られたものである。

また、先にも述べたように、「棺も槨も有る」この古墳は、「倭人伝」の記述と明らかに矛盾している。

近畿説のいう卑弥呼の墓（古墳）の形態については、『三国志』「倭人伝」よりも、むしろ、七世紀成立の『隋書』「俀国伝」の記述の方がよく合致しているようにみえる。

死者の斂《れん》（亡骸《なきがら》や亡骸を葬る礼法）は、棺・槨を以てす。

「東夷伝」に書かれた葬儀のあり方をみると、三世紀のころ、東夷のどの国にも「棺と槨」を共有していたと思わせる描写は一切見当たらない。

ところが多くの場合、近畿の大古墳はその両方を伴なっている。やはり、普通に考えれば、ホケノ山古墳や箸墓古墳は、卑弥呼以後の「墳」と理解すべきものであろう。

「径百余歩」は、どの程度の長さか

卑弥呼、以て死す。大いに冢を作る。徑（径）百余歩。殉葬者、奴卑百余人。（「倭人伝」）

これは、卑弥呼の墓は古墳ではないと考える筆者にとって最大の難関である。

私は当時の度量衡は大変複雑であったと考えているが、その第一は、「長里」と「短里」の併用である。これについては別項で詳細を述べているので、ここでは特にそれには言及しないが、この「径百余歩」は「短里」で書かれていると考える。その理由は以下の通りである。

其の葬には、大木槨を作る。長さ十余丈。開くに、一頭（程度）の戸を作る。新たに死する者、皆、仮に之を埋める。才（草木の芽）を使い、形を覆う。皮肉尽きれば、乃ち骨を取りて、槨中に置く。（「沃沮伝」）

ここでは、大木槨の長さを「十余丈」としている。この「丈」と先の「歩」は、相入れない単位である。なぜなら「一丈」は「十尺」であり、「一歩」は「六尺」となっているからだ。

たとえば、十六尺は、別の言い方をすれば「一丈六尺」と「二歩四尺」という言い方ができる。

しかし、けっして「一丈一歩」とは言わない。
つまり、進法が異なっているために、この両者を併用しないのである。

1	尺
2.2	幅
3	武 跬
5	墨 楪
6	歩
7	仞
8	尋
10	丈
16	常
20	端
40	匹
100	引
1800	里
(尺)	

右は、一尺を基準としたときの進法であるが、着物や織物の長さなどは、「其の両袖、長さ三丈」(「沃沮伝」)とか「二匹・二丈」や「五十匹」(「倭人伝」)などとある。あるいは、身長は「七尺(約一六八センチ)」とか「八尺(約一九〇センチ)」などと書いている。当たり前のようだが、これを「一歩一尺」とか「一歩二尺」などとは言わない。

一方の「尺・歩・里」の方は、主に天体観測や距離の測定のときなどに使用されている。つまり、「尺・丈・匹」と「尺・歩・里」は、目的によって使い分けがなされているということだ。問題は、その使い分けの基準である。

おそらく、社会一般に使用された「常用尺」と、天文・軍事などの「専門用尺」とに分類されるのではなかろうか。そのような傾向は、中国では唐代以降の大尺(一般常用尺)と小尺(専門用尺)の使い分けに顕著にみられるようになる。

たとえば、次の『晋書』(律暦志)の記述を見てみよう。ここでは、天体の直径が計算されている。尚、ここでいう天体とは、現代の大気圏に相当する概念である。

（半径）八万一千三百九十四里三十歩五尺三寸六分×2
＝（直径）十六万二千七百八十八里六十一歩四尺七寸二分
（81,394里30歩5尺3寸6分×2＝162,788里61歩4尺7寸2分）

これを検算してみると、六尺一歩で計算していることが分かる。ここでは、「丈」を使用していない。

このように、「尺・丈・匹」と「尺・歩・里」は、明らかに使い分けがなされている。ということは、別項の「長里と短里」で述べた魏・呉の「短里」は、「尺・歩・里」の専門用尺においてのみ使用された可能性が高くなる。

そこから、「倭人伝」の「径百余歩」と「沃沮伝」の「十余丈」は、基本的に長さを計る「もの差し」が違っているということになるのではなかろうか。

建物・衣類・身長などの一般社会で使用される長さは、「寸・尺・丈・匹」が使用された。それは、おそらく秦・漢代とほとんど同じ長さの基準だったと考えられる。しかし、天体観測や地理上の距離の計測などは、短里の「歩・里」が使用されたのではなかろうか。こう考えると、つじつまがあってくる。

沃沮の大木槨が、明らかに木材を一定の長さに切り揃えた建造物であるのに対して、卑弥呼の冢は、棺の上に土を封じた（覆った）だけの、とても建造物といえる代物ではない。

そこで、沃沮の木槨は「丈」で、卑弥呼の冢は「歩」とするのではなかろうか。同じ「もの差し」で計ったのであれば、卑弥呼の冢の百余歩は、本来「歩」の上の単位である「丈」で表記すべきである。百歩は六百尺であり、それは六十丈に等しい。しかし、それを「径六十余丈」とは記さずに、あえて「径百余歩」と記すのは、そうした理由によるのであろう。

ところで、短里の「百余歩」とは、いったいどのくらいの長さになるのであろうか。長里だと、約一四五メートールということになる。

魏の一尺（常用尺）が約二四センチであったことはほぼ間違いない。そうすると、六尺一歩、三百歩一里という秦・漢代の進法で計算すると、一里＝約四三二メートルとなって、短里の一里約七七メートルとは大きく異なる。一尺の長さが秦・漢代とほぼ同じであったとするなら、問題はその進法にあるのかもしれないが、それを証明するだけの根拠はいまだに見出すことができていない。

この点、古田武彦氏がいっているように、一尺が四－五センチという極端に短い尺（学術用専門尺）が当時使用されていたのかもしれない。この場合、秦・漢代と同じ進法で計算すると、「百余歩」は約二六メートルということになる。

一里は、一八〇〇尺である。一里＝七七メートルとした場合、一尺は、約四・三センチとなる。また、百歩は、六百尺であるから、百歩は、約二五・八メートルという計算である。周代に書き始められ、後漢末に完成したといわれる天文算術書の『周髀算経』が、数学の専門家によって、一里＝約七六・七メートルで計算されていることが明確となっているので、案外、古田氏の主張は正しいのかもしれない。

たしかに、二六メートル程度の冢であれば、「大いに冢を作る」という表現もそれほど不自然ではないし、理解もしやすい。そして、それは、私が卑弥呼の墓と考えている前原の平原遺跡（1号墓）とそれほど違わない大きさとなる。

平原の墳丘部の縦の長さは、約一四メートルしかないが、周溝まで含めると約一八メートル程度となる。また、平原遺跡には、日の出の方向を意識した位置に二つの鳥居の存在が確認されていて、それまで含めた「墓域の径」が測られているのかもしれない。

平原遺跡（方形周溝墓・割竹型木棺）は、「倭人伝」の「棺は有るも槨はなく、土を封じて冢を作る」の記述ともよく合致している。また、副葬品の鏡（四十面）は、卑弥呼がもらったと思われる後漢から三国魏時代に作られた後漢形式の鏡が大多数である。

さらに、土器による編年でも、庄内式や西新式土器が発掘されたことによって、二世紀後半―三世紀後半までの約百年の間に作られた可能性が高い墓といわれている。それはまさに、卑弥呼が君臨していた邪馬台国時代に相当する（ただし、西新式土器については、1号墓のものではないとする説もある）。

いずれにしても、平原遺跡は、弥生墓の中では、その副葬品の質と量において日本一を誇るだけでなく、墓の規模（冢）や形態、あるいは、その時代編年においても、十分卑弥呼の時代の墓といえるだけの条件を備えているのである。

やはり、ここの「冢」とは、平原遺跡に代表されるような古墳前夜の形態の「塚」程度のものを指していると考える。

平原遺跡は卑弥呼の墓だ

さて、ここまでは主に文献上から邪馬台国の所在地について考えてきた。そこで、次に考古学上の見地から邪馬台国の所在を考えてみよう。

私は、ここまで述べたように、前原に邪馬台国があったと考えている。

そして、そこには平原《ひらばる》遺跡があった。この平原遺跡は、卑弥呼の時代の王墓の中にあって、質・量ともに他を圧倒している。弥生全時代、及び古墳時代初期を含めた六百―七百年間の日本全国の遺跡の中で、平原遺跡は、最多（四十面）、最大（彷《ほう》製鏡、四六・五センチ、五面）の鏡を出土した。当時の王墓を考えるとき、鏡はもっとも重要な要素となるが、卑弥呼が中国からもらった可能性のある鏡は、中国後漢後期―三国期に作られた後漢形式の鏡である。その後漢形式の鏡を一墳墓からこれほど大量（三十四面）に出土するのは平原遺跡以外にはなく、他はほとんど一面ないし破砕鏡であり、それは筑後川流域の首長墓でも同じである。

しかも、平原遺跡からは多くの勾玉《まがたま》や管玉、そして女性用と思われる細身の鉄剣（素環頭太刀）一振りも出土した。ここには三種の神器（鏡・玉・剣）のすべてが揃っている。

また、「読売新聞」平成十一年七月二十二日の朝刊の報道によると、平原遺跡出土のガラス製連玉が二重構造であったことが判明したという。これは地中海沿岸から西アジアで作られたものらしく、弥生遺跡からの出土は全国で初めてのことである。

前原市教育委員会は、これは伊都国王の権威を示すものであるとのコメントを出しているが、私は、これも倭の女王・卑弥呼の権威を示すものであると考える。

また、「糸島新聞」の平成十一年二月二十四日の一面に、平原遺跡出土の方格規矩鏡（三十二面）の内、十七面が国産鏡（彷製）であったとの報道があった。これは、柳田康雄氏（福岡県文化財保護課長）の調査報告結果を受けたものであるが、これが事実なら大発見である。

柳田氏は、その根拠を次のように述べておられる。

一、平原遺跡には、すでに国産鏡の大宜子孫銘内行花紋鏡（一面）があるが、これは、船載鏡である長宜子孫銘内行花紋鏡を模倣したものである。しかし、この鏡には意図的に紋様面に着色が施され、しかも塗り分けられていた。本家の中国には、金・銀・錫などのメッキを施す例はあっても、着色する慣習はなく、これは倭国独特の慣習である。

二、平原遺跡には、三十二面もの方格規矩鏡があるが、この内の一七面に着色が施されている。

三、鏡の製造工程は鋳造直後に研磨仕上げをするが、この一七面の鏡には、鋳造後、着色し、研磨仕上げの段階ではみ出した色を削り取った形跡がみられる。このことから、これらすべての工程が倭国の工房で行われた可能性が高い。

四、これらの鏡の紋様に、四神の配置の間違いや、中国にはない「魚紋」の紋様がみられる。

五、これらの鏡は、中国鏡と比べて「鬆（す）・気泡」が多く、製造技術に未熟さがみられる。

およそ以上のことから、平原の方格規矩鏡を「国産鏡」であるとしたようだ。もし、これが正しいとすると、平原遺跡の価値はどうなるのか。値打ちが下がるのであろうか。いや、けっしてそんなことはなく、むしろ価値は上がるのではなかろうか。従来、平原出土の四十面の鏡の内、国産鏡は五面（大型内行花紋八葉鏡四面と大宜子孫銘内行花紋鏡一面）とみられていた。それが、同じく平成十二年一月の柳田氏の調査報告によって、前者が五面であったことが判明した。その時点で、国産鏡は六面となったが、さらに今回の十七面が国産鏡となれば、合計二十三面だったことになる。

しかし、それでも残りの十七面は舶載鏡であるから、やはり、後漢形式の鏡を所有するという点では、他の遺跡と比較して圧倒的である。

さらに、もし今回の柳田氏の調査報告が正しいとするなら、この被葬者は相当な権力者であったことになる。たとえ中国と比べて未熟だったとはいえ、同笵鏡を製作する技術や中国にもない世界最大ともいわれる大型鏡（四六・五センチ）の製作技術、さらに大量の鏡作りの技術を持っていたことになるからだ。奥野正男氏は、この技術はのちの三角縁神獣鏡の製作技術に連絡されるといっておられるが、納得がいく見解である。

中国から鏡をもらった国は多数あるが、それを積極的に習得し独自の技術に発展させたのは、ほとんど倭国だけである。現在の技術立国日本の先駆け的な姿を、すでにこの時代の我々祖先の中にみることができる。

いずれにしても、このようなことは、相当な権力者の存在をいやが上にも想定させるものである。したがって、全体における国産鏡の占める割合が増えたとしても、平原遺跡の相対的価値が下がることはなく、むしろ逆に、ますますその重要さは増してきたと考える。

さて、最後に平原遺跡の墓の形態をみてみよう。この平原遺跡は古墳時代前夜を思わせる墳丘をもった方形周溝墓である。棺も甕棺《かめかん》ではなく、卑弥呼の時代に合致する割竹形木棺である。最近発掘調査された平原2号墓（船形木棺）は、出土した土器などから弥生終末－古墳初期のものとほぼ断定されているが、先の1号墓と周溝を共有していることから、1号墓と2号墓の築造年にはそれほどの時間的開きはないといわれ、このことから1号墓は弥生後期後半－終末（二世紀後半－三世紀）に築かれた可能性が高いとのことである（前原市教育委員会）。

このように、考古学上の見地からも、平原遺跡が卑弥呼の墓である可能性はいよいよ高まったといえるのではなかろうか。

現在までの考古学上の成果を鑑みるかぎり、一墳墓から出土する副葬品の質と量において、平原遺跡（1号墓）を凌《しの》ぐ遺跡は、いまだ日本全国のどこにもないのだ。

ここに私は、考古学上の見地からも、平原遺跡こそ邪馬台国女王・卑弥呼の墓であったと結論し、邪馬台国の中心域を「前原（曽根丘陵一帯）」に特定する。

西新式時代について

ところで、ふつう卑弥呼の時代は、弥生時代の後期といわれている。しかし、この弥生時代という時代編年についても、現代ではさまざまな解釈が錯綜していて、考古学に疎《うと》い私などは、いったいどれを基準に考えればよいのかさえ分からなくなっている。

そこで柳田康雄氏や安本美典氏などは、土器による時代編年を提唱している（図32参照）。

安本氏は、西新式時代について、「北九州の『西新式時代』は、幅をせまくみれば、西暦二一〇〇－二八〇年頃、幅をひろくみれば、西暦一五〇－三〇〇年頃といえよう」（『奴国の滅亡』）と述べた上で、西新式時代の墓制や副葬品の特徴を次のように整理しておられる。

①西新式文化の特徴
（一）「長宜子孫」銘内行花文鏡の副葬
（二）小形仿製鏡第Ⅱ型の副葬
（三）箱式石棺から出土した「鉄剣・鉄矛・鉄戈・素環頭大刀・素環頭刀子・鉄刀」
②甕棺文化と西新式文化との共通性
（一）どちらも、鉄利器が用いられていた。
（二）どちらも、墓に、鉄・刀・鏡・玉などの、いわゆる「三種の神器」を構成するものを埋納する風習がある。
③甕棺文化と西新式文化との異質性
（一）甕棺文化では、甕棺葬が盛行したのに対し、西新式文化では、おもに、箱式石棺墓葬、石蓋土壙墓葬、土壙墓葬、木棺墓葬が行なわれた。
（二）甕棺文化では、とくに、細形・中細形などの銅利器が用いられていたが、「西新式文

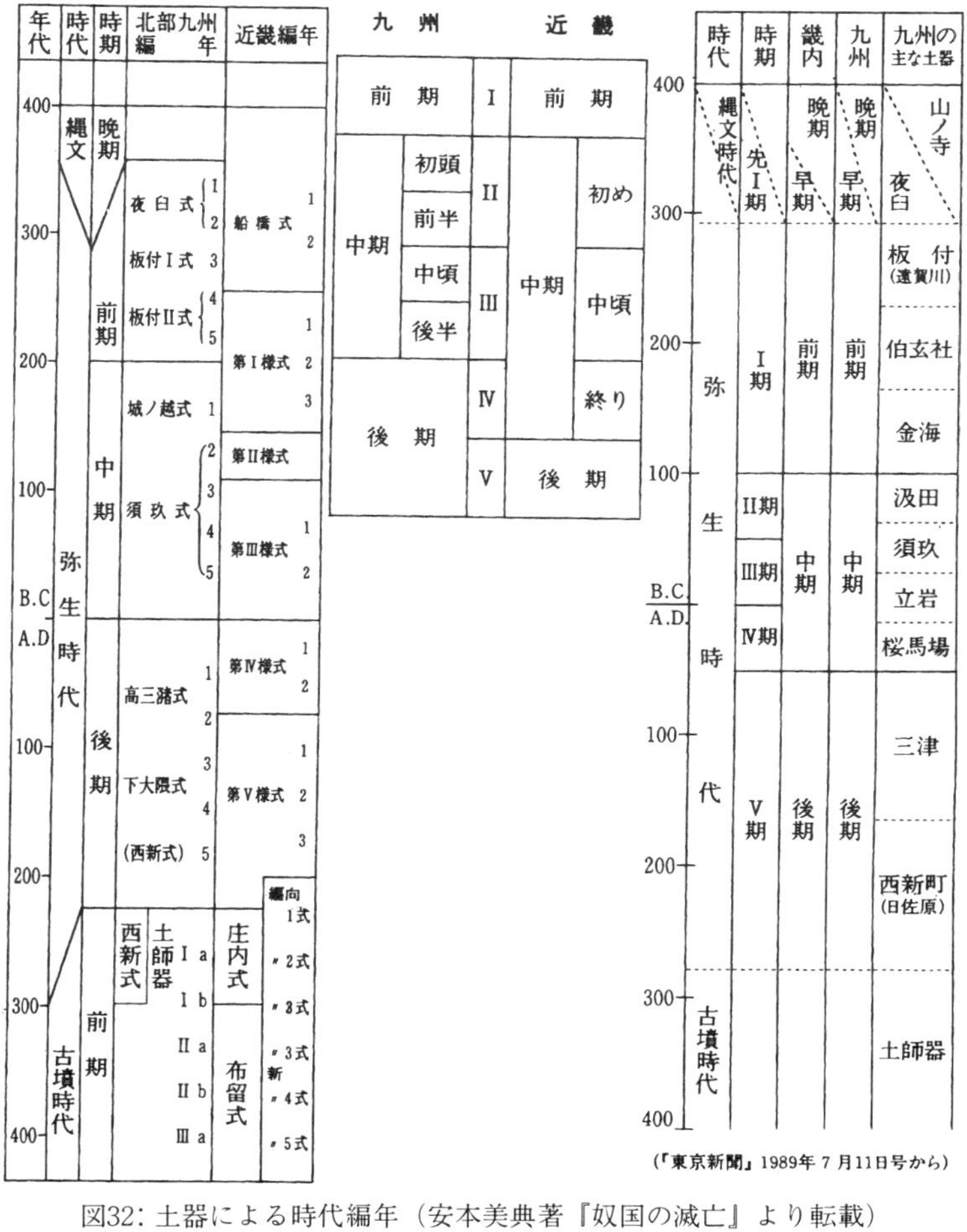

(『東京新聞』1989年7月11日号から)

図32: 土器による時代編年 (安本美典著『奴国の滅亡』より転載)
①北部九州から見た土器編年 (柳田康雄氏による)、②弥生時代の時代区分 (高倉洋彰氏による)、③弥生時代を中心とする時代区分 (高島忠平氏による)

化」では、銅利器は用いられなくなり、ほぼ鉄利器だけが用いられるようになる。

(三)甕棺文化では、「長宜子孫」銘内行花文鏡や、小形仿製鏡第Ⅱ型は行なわれていなかったのに、「西新式文化」では、それが行なわれるようになる。

(四)「西新式文化」では、あらたに、「西新式土器」が行なわれるようになる。

(五)甕棺文化は、おもに、北九州の玄界灘よりの沿海部で栄えたようにみえるのに対し、西新式文化は、おもに、筑後川流域で栄えたようにみえる。

④西新式文化と古墳文化との共通性

(一)どちらも、古墳をもつ文化である。『魏志倭人伝』に、「卑弥呼はすでに死んだ。大いに冢《つか》をつくった。径百余歩。」とある。この記事から、邪馬台国時代には、個人墓としての墳丘墓がつくられていたことがわかる。吉野ケ里遺跡では、弥生中期に、族長墓としての、巨大墳丘墓がきずかれていた。西新式文化の行なわれていた地域に、「西新式時代」に、巨大墳丘墓が行なわれていたことは、吉野ケ里遺跡の巨大墳丘墓の発見によって、ほぼ確実になった。そして、その巨大墳丘墓に『魏志倭人伝』の記すように個人を葬ったとすれば、実質的に、「古墳時代」の古墳と、ほとんど変わらないものが行なわれていたことになる。

(二)どちらも、鉄利器を、墓に葬る風習をもつ。卑弥呼が魏の皇帝から与えられた「五尺刀」は、素環頭大刀であろう、といわれているが(奥野正男、金関恕《かなせきひろし》、小林行雄ら諸氏の見解)、「西新式文化」も、「古墳文化」も、ともに、素環頭大刀をともなう。

（三）どちらも、銅利器を用いなかった。畿内大和の古墳から、銅利器が見いだされた例は知られていない。
（四）ともに、「長宜子孫」銘内行花文鏡、方格規矩鏡や、小形仿製鏡を、墓に葬る風習をもつ。
（五）ともに、墓に、玉を埋納する風習をもつ。

⑤西新式文化と古墳文化の異質性
（一）「西新式文化」の箱式石棺は、四周の囲いの石だけで、底の板石をもたないのがふつうであるのに、「古墳時代」の箱式石棺は、底石をもつのがふつうである。
（二）「西新式文化」の箱式石棺は、穴のなかに、そのままうずめられているのに、「古墳時代」の箱式石棺は、竪穴式石室のなかにおさめられていることが多い。
（三）すくなくとも、邪馬台国時代の「西新式文化」は、三角縁神獣鏡といわれる鏡をともなわないようにみえるのに対し、畿内を中心とする古墳文化は、かなりな数の三角縁神獣鏡をともなう。
（四）畿内を中心とする「古墳文化」の土器は、庄内式・布留式・纏向《まきむく》式などで、西新式ではない。
（五）「西新式文化」は、九州の筑後川流域を中心としているのに対し、「古墳文化」は、畿内大和を中心としている。

ただ、「西新式文化」と「古墳文化」との異質性は、あまり本質的なものではないように思える。まず、さきの「異質性」の（五）の、「西新式文化」は、九州の筑後川流域が中心になっているのに対し、「古墳文化」は、畿内大和を中心にしているという違いは、権力機構の移動、たとえば、「邪馬台国東遷説」などを考えることによって、説明できる。

（『奴国の滅亡』）

このように安本氏は、「西新式文化」の特徴と、その「西新式文化」と「甕棺文化」および「古墳文化」との共通性や異質性について説明している。大変参考になるし、分かりやすいので紹介したわけだが、ここで重視するのは、卑弥呼の時代が「西新式文化」の時代であったということである。

安本氏は、その特徴は筑後川流域の首長墓において顕著であるとし、卑弥呼の時代の中心（邪馬台国）は筑後川流域にあったと考えているようだが、邪馬台国・甘木朝倉説に対する批判は、ここでは割愛する。私は、この「西新式文化」の特徴が、平原遺跡のそれとほとんど合致している点をここでは強調しておきたい。

平原遺跡にみられる西新式文化の特徴

一、「長宜子孫」銘内行花文鏡（一枚）を副葬する。

二、仿製（国産）鏡を副葬する。特に、超大型の仿製鏡を五枚も副葬していた。

三、素環頭大刀、鉄刀子をそれぞれ一本ずつ副葬する。
四、墳丘をもつ土壙墓《どこうぼ》（方形周溝墓）である。（古墳的特徴をもつ）
五、棺は、割竹型木棺である（「倭人伝」の「棺はあるが、槨はない」に合致する）。
六、平原1号墓と2号墓は、溝を共有している可能性が高いといわれている。その溝から、西新式土器が発見された。大量副葬のあった1号墓からは、西新式以前の土器がすでに発掘されていたが、それに近い時代につくられたといわれる2号墓との共有溝から西新式土器が発掘されたという事実は、ここでは看過できない重大な意味をもつ。

以上のように、平原遺跡は、卑弥呼の時代の墓（西新式文化の特徴）としての条件をほぼ満たしていると思う。やはり、平原遺跡は「邪馬台国女王・卑弥呼の墓」としてもっともふさわしいと思う。

しかし、この西新式土器による時代編年も、今のところ学界の総意ではないようである。古代史学会や考古学会は、どうして何らかの意思統一を図らないのであろうか。たしかに現状では、意見がまとまりそうもないが、しかし、そうであればいっそのこと、「弥生時代」等々の表現はやめたらどうであろうか。すべて「西暦」で表現すれば分かりやすい。それに自分の考える時代編年を付記しておけば十分である。それを曖昧にしたまま「弥生の後期前半」とか「古墳初頭」などというから話がややこしくなる。なるべく曖昧にしておきたいと考える人がいれば別だが、私からいわせれば、いまのこの時代編年は、まったく用をなしていないと思う。

ある人は、弥生の後期を二世紀後半といい、ある人は、それを三世紀後半という。その結果、古墳時代を二世紀末ー三世紀初頭という人と、三世紀末ー四世紀初頭という人が出てくることになる。これを大きな問題として議論することもなく、各自のいうがままにしている学界に問題がある。

近畿だの九州だのと言い争っている場合ではない。ここに一言、苦言を呈しておきたい。

もっとも、この時代編年の違いこそが、近畿説と九州説の対立を顕著に表わしているともいえるのだが……。

金印の行方

「親魏倭王」の金印は公印だった

景初二年六月、倭の女王、大夫難升米《なしめ》等を遣わし郡に詣《いた》り、天子に詣りて朝献せんと求む。（帯方）太守劉夏《りゅうか》、吏を遣わし、将《ひき》いて送り、京都（洛陽）に詣らしむ。

其の年十二月、詔書して報じ、倭の女王に曰く、

「親魏倭王・卑弥呼に制詔す。帯方太守劉夏、使を遣わし、汝の大夫難升米、次使都市牛利《としごり》を送らしむ。汝の奉じる所、男生口四人、女生口六人、班布二匹二丈を献じ、以て到る。汝の在る所、遠きを踰《こ》え、乃ち遣使貢献す。是れ汝の忠孝。我、甚《はなは》だ汝を哀れむ。

イ　今、汝を以て親魏倭王と為し、金印紫綬を仮す。装封して帯方太守に付し、汝に仮授す。其の種人を綏撫《すいぶ》し、勉めて孝順を為せ。

ロ　汝が来使難升米、牛利《ごり》、遠きを渉《わた》り、道路勤労す。今、難升米を以て率善中郎将に、牛利を率善校尉と為し、銀印青綬を仮し、引見労賜して遣わし還す。今、絳地交龍錦五匹、絳地縐粟罽十張、蒨絳五十匹、紺青五十匹を以て、汝の献ずる所の貢直に答う。

ハ　又、特に汝には、紺地句文錦三匹、細班華罽五張、白絹五十匹、金八両、五尺刀二口、銅鏡百枚、真珠、鉛丹五十斤を賜う。皆装封して、難升米、牛利に付すので、還り到らば録受せよ。悉《ことごと》く以て、汝の国中の人に示し、国家（魏）をして、汝を哀れむを知らしめるべし。故に、鄭重《ていちょう》に汝の好物を賜うなり」

さて、右は「倭人伝」最初の外交記録である。景初二年（二三八）六月、卑弥呼の朝貢に対して魏の明帝が制詔し、卑弥呼を親魏倭王に封じるという、「倭人伝」のハイライトの部分である。ここで明帝は、卑弥呼を親魏倭王に封じ、金印・紫綬を授与（仮授）すると述べている（仮授とは、皇帝に代わって、代理人が授与するという意味）。

現在の専門家の中には、もしかすると卑弥呼の墓からこの金印が出てくるのではないかと考えている方がいるし、それを「邪馬台国問題」解決の最後の決め手とも考えておられる。

しかし、私はそうは思わない。私は、卑弥呼の墓から金印が出土する可能性はほとんどないと考えている。その理由は、金印が「卑弥呼の私印」としてではなく、「倭国の公印」として下賜されているからだ。それは、右の「倭人伝」の記事を整理してみるとはっきりする。

一、帯方太守に渡し、仮授するとされたもの（右のイの個所）

イ　金印紫綬のみ

二、倭の使者である難升米・都市牛利に渡し、帰還したら卑弥呼に渡すようにと指示されたも

の（右のロとハの個所）

ロ　卑弥呼の献上品に対するお返しの品々（答礼品）

ハ　特に卑弥呼個人に与えたもの（金八両・銅鏡百枚ほか、卑弥呼の好物）

このように、魏の明帝の指示は明確であり、もっとも重要な金印紫綬については、使者に託すのではなく、中国側から直接渡すとしているのである。金印は特別な扱いをされている。ところが、この制詔を述べた後、明帝が死亡（二三九年）したために魏は喪に服すことになり、一切の外交行事が一時中断された。そのために、倭の使者らも手ぶらで帰らざるを得なかった。したがって、正式に喪が明けた正始元（二四〇）年に、そのすべてを持って魏使らが倭国を訪問することになったのである。

正始元年、太守弓遵《きゅうじゅん》、建忠校尉梯儁《ていしゅん》等を遣わし、詔書・印綬を奉じ、倭国に詣《いた》らしむ。倭王に拝仮し、并びに詔を齎《もた》らし、金・帛、銀罽・刀・鏡・采物を賜う。

（「倭人伝」）

右のように、先の明帝の詔書での約束が、正始元年に実行されたことは明白である。問題は卑弥呼への下賜品が、公的なものと私的なものとに明確に区別されている点である。

つまり、鏡百枚や刀などは卑弥呼個人への下賜品であるが、金印はあくまでも倭王に対して与えられたもので、魏が直接授けようとしたほど重要で、且つ、公的性格が強いものである。

卑弥呼は、魏直属の王（内臣）ではなく、独立した国の王（外臣）として封じられた。当然、金印は卑弥呼個人にではなく、倭民族の代表者である倭王に与えられたのである。

そこで、以降、古代中国の印制を少し検証してみよう。

古代中国の印制

中国は、相手国（民族）を、内臣または準内臣扱いにする場合には、「民族の王」という形の印を与えていて、頭に「漢」や「魏」などといった、その時々の王朝名が冠せられていない。たとえば、「滇王之印《ていおうのいん》」や「広陵王璽《こうりょうおうじ》」、あるいは実物はないが、記録からその存在が確実視されている「濊王之印《わいおうのいん》」や「匈奴単于璽《きょうどぜんうじ》」などである。この印文の形式は、いずれも内臣か準内臣扱いを受けたものである。

ところが、外臣の場合には、「漢委奴国王《かんのわのなこくおう》」、「晋匈奴帰義王《しんのきょうどのきぎおう》」、「晋鮮卑帰義侯《しんのせんぴのきぎこう》」、「親魏大月《しんぎだいげつ》氏王《しおう》」などとなっている。外臣の場合には、必ず宗主国名（漢・魏・晋など）が冠せられる。さらに、その形式をみると、内臣・外臣を問わず、必ず「民族名」の記載が見られるということである。この点は、現在までに確認された印において、ほぼ一〇〇%と言い得るものである。「親魏倭王」の印文をみても、「宗主国名（魏）＋民族名（倭）＋称号（王）」の形式になっていて、外臣扱いであると同時に、「倭」という民族名も記されていて、これが中国の印制に沿ったものであることが分かる。

さらに、ここで重要なことは、この金印が「倭王」になっていることだ。

あの有名な志賀の島の金印は、「漢委奴国王」となっている。これを三宅米吉氏は、「漢ノ委《わ》ノ奴《な》ノ国王」と読み、いまではそれが定説となっている。私も、この定説を支持しているが、問題は、この金印の文字が「国王」となっていることだ。中国の印制において、「国王」という印文を持つ印は、唯一、この志賀の島の金印だけである。

たとえば、濊《わい》国王には「濊王之印」、滇《てい》国王には「滇王之印」、倭国王・卑弥呼には「親魏倭王」というように、必ず「民族の王」という称号を与えていて、某民族の「国王」という称号はまったく見られない（ただし、銅印には「漢・匈奴・悪尸逐・王」の例がある）。

このように中国の印制（金印）では、「某民族の国王」という形式はまったく見られないことから、志賀の島の金印は、やはり例外的な金印と考えざるを得ない。

ここから「奴国王」は、倭民族全体の代表者ではなかったと推察されるのである。この金印に「国王」とあるのは、おそらく後漢初頭（五七年）の倭国には、まだ統一王と呼べる民族の王が存在していなかったためであろう。『後漢書』や『三国志』によれば、倭国は、旧《もと》は百余国に分かれ、後漢末には内乱状態になり、「歴年主無し」というありさまであったという。そこで諸国が卑弥呼を共立し、倭王に立てたところ平和を取り戻したように書かれている。

つまり、卑弥呼は諸国の総意による共立という（民主的）手続きを経て、はじめて「倭王」の地位を得たということであり、それを中国側（魏）も認めたということであろう。

卑弥呼は、本来「邪馬台国の王」であったと思われる。それが諸国の総意（共立）のもと「倭王」となった。そこで、初めて中国から「倭王」と承認されたのである。

ところが、後漢代初頭（五七年）の奴国王は、卑弥呼のように「倭王」として中国側（後漢）に認められていなかった。おそらく、「倭民族の代表的立場の奴国王」という地位が承認されていたと思われる。民族の「代表的立場（国王）」と「代表者（倭王）」とでは、意味合いがまったく違ってくる。中国側は、常に相手の立場を推し量り、その扱いには細心の注意を払っているのだ。わずか数文字の印文ではあっても、その時々の中国の相手国に対する認識が織り込まれているのである。

たとえば前漢のとき、匈奴単于（匈奴王の意）に「匈奴単于璽」（準内臣扱い）の印を与えていたが、前漢を滅ぼした新の王莽《おうもう》は、匈奴に使者を派遣し、王朝が変わったことを告げさせ、その印を「新《しんの》匈奴《きょうど》単《ぜん》于《う》章《しょう》」に取換えさせた。そのとき匈奴単于は、「漢朝よりもらった印には漢はなかった。しかし、今度の印には新とある。また、前の印には璽とあったが、今度の印は章となっている」といって不審がった様子が描かれている（『漢書』匈奴伝）。

この後、前漢の古印を新印に取り替えた王莽の使者らは、すぐにその古印を壊したと記されている。仮にこのとき、匈奴単于が印文の意味を十分把握していたら、もしかするとその使者らは斬り殺されていたかもしれないし、または、その時点で新と戦争になった可能性すらあった。

新の王莽は、古代国家（殷・周）を理想とした復古主義者であったといわれているが、中国の権威を取り戻そうとして、匈奴を内臣から外臣扱いにしようとしたのである。

このように、わずかな字数の印文ではあっても、双方にとって重要な意味をもつものであるから、中国側は間違ってもいい加減な認識で下賜印（金印）を作製することはないのである。また、ここで少し注目すべきことは、王朝の交代によって金印を取り替えていることである。いつの時代にも、このようなことが行われていたのかどうかはよく分からないが、「親魏倭王」の金印の行方を考える上では、何かしらの意味を持っているのかもしれない。

いずれにしても、卑弥呼は、「親魏倭王（外臣の民族の代表者）」として認められたのであるから、その印は公印的性格を持つものである。卑弥呼が死亡すれば、それは当然後継者に引き継がれるべきものである。そして、魏が存続し続ける限り「親魏倭王」の金印もその威光を発揮することができる。現在でも県知事や市町村長の公印が、個人の所有物でないことは自明の理であるが、同時に、その県や市町村が存続する限り、その印は、代々後継者に引き継がれていくのである。おそらく、「親魏倭王」の金印も、卑弥呼から壹与の手に渡っているはずである。

『漢委奴国王』は、何と読むのか

さて、少し余談になるが、次に志賀の島の金印について考えてみよう。

この「漢委奴国王」の印文に対する読みは、現在までに二十ほど提唱されているが、中でも「漢の委奴の国王」と読む説が、いまだに根強く支持されている。たとえば、古田武彦氏が「漢のゐぬ国王」と読み、久米雅雄氏が「漢のゐと国王」と読むごとくである。

久米雅雄氏は、大谷光男編著の『金印研究論文集成』に、「金印奴国説への反論」なる論文を寄せておられる。その中で、「漢の委の奴の国王」という分断的読み方を批判し、連続的に読む

「委奴《いと》国説」を展開しておられるので、まずその骨子のみ紹介しておこう。

イ　「漢の委の奴国王」などと分断的に読む方法は、中国の印制からみて有り得ない。金印は、民族の代表者にわたすべき代物であり、某民族の一首長なる者（奴国王）などに授けるとは考えられない。倭民族の代表者たる「ゐと（伊都）国王」に与えられたと考える。

ロ　この印文を読む場合、当時の中国語方言が考慮されるべきである。中国北方地域の漢音と、南方地域の呉音とでは、方言以上の違いがある。金印が作製されたのが、洛陽・長安といった北方漢音の地域であることを鑑みるなら、当然、倭人語は上古北方漢音によってうつされているはずであるから、その場合、「委奴」は上古漢音で「ゐと」と読める。

久米氏の主張を要約すれば、前記のようになる。しかし、この主張には大きな矛盾がみられる。まず、イについてであるが、「委の奴の国王」と分断して読むとき、この奴国王は、「倭民族の中の一首長」にすぎなくなり、そのような者に金印という最高の栄誉を与えるはずがないし、中国の印制にも反しているといわれる。

しかし、それでは「漢の委奴国王」とつづけて読む場合はどうであろうか。

まず不審なのは、これを続けて読む場合、この「委奴国王」が、いったい何という民族の「委奴国王」なのか分からないことである。

久米氏は、委奴国王が倭民族を率いていたというようにいわれるが、仮にそうであったとしても、その委奴国王自体も倭民族の一員だったことになる。つまり、「委奴国王」にしても「奴国王」にしても、倭民族の中の「国王」であることに変わりはないのだ。

もし、「委奴国王」が、倭民族の統率者であれば、そこには「漢の倭の委奴国王」と印刻されていたはずである。しかし、これでは「漢の委の奴国王」とまったく同じ形式になってしまって、そう考える根拠を失ってしまうのではなかろうか。代表者なら、「漢の倭王の印」であったはずだ。

中国の印制によれば、必ず民族名が記されるという大原則がある。その点、「漢の委奴国王」には、民族名の記載がみられず、まずこの読み方は成立しないと思う。

また、「委奴国王」を倭民族の代表者ではなく、委奴民族の国王であったとする考え方もできると思うが、しかし、その場合には、「漢の委奴王の印」となったはずである。中国では、倭国の王には「倭王」を、滇国の王には「滇王」という称号を授けている。

このように、中国王朝は、必ず民族の代表者には「民族の王」という称号を与えていて、けっして「某民族の国王」などとは表記しないのである。

したがって、ここで大切なことは、「委の奴国王」と分断的に読むにしても、「委奴国王」とつづけて読むにしろ、いずれも「国王」であって、「倭王」ではなかったということである。つまり、いずれの読み方をするにしても、この金印の持ち主は「倭民族の代表者」たる「倭王」ではなく、あくまでも「代表的立場の国王」だったということである。

そこで、「漢の委の奴国王」の方は、「倭民族の代表的立場の奴国王」の意味として理解できるが、一方の「漢の委奴国王」と読む場合には、「漢の某民族（不記載）の中の委奴国王」となって、この国王が何という民族の委奴国王なのかさえも分からず、全く文意が通じないのだ。

これこそ、漢の印制にそぐわないというべきであろう。

やはり、「漢委奴国王」は、「漢の委《わ》の奴《な》国王」と読むべきである。

また、ロの方言についても、私には、「委」の音が「ゐ」「わ」のどちらであっても、一向に構わない。久米氏の場合は、「委奴《いと》」とつづけて読むことによって「伊都国」と関連づけるために、「方言論」まで持ち出して音にこだわる必要があった。

しかし、私はこれを「委民族の中の奴国王」と読むのであるから、民族名の「委」や、国名の「奴」をどう読もうが、それは当面の問題ではないのである。

また、研究者の中には、「委」は「倭」の略字ではなく、まったくの異字と考える方がおられるが、中国の印文の文字は、しばしば略字が使用されていて、「委」が「倭」をうつした可能性は十分にあるのである。

私が思うに、この金印の文字をどう発音して読むかは二次的問題であって、ここの最大の問題は、なぜ「国王」なのかということにある。国王は、民族の代表者ではなく、代表的立場の者であるから、中国が称号を授ける場合、必ずその国王の前に民族名が記されなければならない。

ということは、「漢委奴国王」の五文字の中で、民族名として読み得るのは「委」のみとなるから、当然、「委」とは「倭民族」のことと考えてもよいのではなかろうか。

さて、いずれにしても、「国王」から「倭王」への印文の変化は、中国の倭国に対する認識の変化であり、それは同時に、当時の倭国が国家統一へ向かって大きく一歩を踏み出したことを示唆しているものと考える。

卑弥呼の墓に金印はない！

さて、その卑弥呼は二四七年に死亡した。後継者には壹与（十三歳）が立ったが、壹与は、同年、魏の使者・張政らを洛陽に送り還しつつ、自らの使者も皇帝のもとへ派遣している。

おそらくこれは、卑弥呼の死によって、新たに自分が王に立ったことを魏廷に報告し、改めて倭王に封じるよう願い出たものと思われる。それが承認されれば、壹与は、親魏倭王の金印を引き続き使用できるのである。

なぜ、張政と壹与の使者は、洛陽まで行ったのか。それは、張政は、正始八年に起きた一連の事件の経過と顚末の報告をしなければならなかったし、壹与は、前述の理由によったものと思われる。ここは、この両者が速やかに行動している点が重要である。

しかし、「倭人伝」は、この壹与の朝貢の記録を最後に終わっているので、その後の経緯については よく分からない。ところが、のちの『晋書』には、次のような記録が残っている。

イ　泰始（二六五－七四年）の初め、使を遣わし、重譯入貢す。（「四夷伝」倭の条）

ロ　十一月己卯（五日）、倭人来りて方物（特産品）を献ずる。（「武帝紀」泰始二年の条）

また、「晋起居注《しんききょちゅう》」（「神功紀」注引）には、泰始二（二六六）年十月に、倭の女王が使者を入朝させたという記録がある。

これらの記録から判断すると、二六六年十月か十一月に倭の女王が西晋朝へ使者を送ったことはまず間違いなかろう。このときの倭の女王が、壹与であるかどうかは分からないが、おそらくそうであろうとするのが大方の見方である（このとき、壹与は三十二歳位になっていた）。

問題は、この年の朝貢の意味である。その前々年（二六四年）に、魏は蜀を滅ぼした。その翌年（二六五年）の十二月、晋王の司馬炎（晋の武帝）は、魏から禅譲《ぜんじょう》という形で王朝を奪い取り、西晋朝を立てたのである。ここに、ついに魏は滅亡した（司馬炎は、司馬懿《い》仲達の孫）。

倭の女王（壹与？）の朝貢は、その翌年の十一月頃のことである。これは、魏が滅亡した時点で、親魏倭王の権威が無に帰したからであり、もはや親魏《ぎ》倭王の金印は、過去の遺物（権威）と化してしまったからである。そこで、すかさず新たなる西晋王朝に朝貢し、引き続き倭王として封じるよう願い出たのではなかろうか。

中国側の記録には、そのことについてはまったく触れられていない。したがって、このときの倭王が、はたして、新たに「倭王」として認められたかどうかは分からない。しかし、いずれにしても、この時点で「親魏倭王」の金印が、国の内外において、もはや権威の象徴でなくなったことだけは確かである。

いずれにしても、卑弥呼や壹与の朝貢は、じつにタイミング良く行われていて、倭王が中国の国内情勢に敏感であったことがよく分かる。

金印はどこに

さて、その金印の行方であるが、二六五年十二月に魏は滅亡した。この時、前に指摘したように、その金印を中国側に返却した可能性もある。その場合はいくら日本中で「親魏倭王」の金印を探しても永遠に出てくることはない。

しかし、もし中国（晋朝）に返されていなかったとするなら、今後日本で発見される可能性も残っている。それは、最後に金印を使用していた倭王（壹与）が、魏の滅亡後も金印を鋳《い》つぶさずに持ち続け、自分の墓に埋葬している場合だ。その可能性がどの程度あるかはよく分からないが、今後日本のどこかから金印が発掘されるかもしれない。

しかし、同時に、どこかの遺跡から金印が発掘されたとしても、決してその墓が卑弥呼の墓ではないということを承知しておかなければならない。

なぜなら、卑弥呼は魏の滅亡の十八年前に亡くなっている。魏が存在したその時点にあっては、当然その金印は次の「親魏倭王」に引き継がれたはずである。したがって、金印がいまだに存在しているとすれば、壹与、あるいは、それ以降の倭王の墓の中にある可能性が高いのである。

志賀の島の金印は、後漢朝の滅亡とともに奴国自体も衰退したために、奴国王墓に埋葬されることもなく、内乱のさ中、志賀の島に遺棄（隠匿）されてしまったものと思われる。それは、原田大六氏のいわれるように、まさしく「悲劇の金印」としての運命を辿ったのである。

一方、「親魏倭王」の金印は、少なくとも魏が滅亡した時点でも倭王や邪馬台国は存在していたのであるから、遺棄や隠匿される可能性はほとんどなかったし、その必要もなかった。

したがって、金印はいまだ日本のどこかに眠っている可能性は残っているが、私が卑弥呼の墓と考えている平原遺跡からは、金印は出土しなかった。

しかし、ここまでの考察を経て、それが何の不思議でもなく、むしろ出るはずがないことはお分かりいただけたと思う。

平原遺跡からは、鏡（四十面）、鉄剣一口、勾玉、管玉など豪華な副葬品が出土したが、そのいずれもが、卑弥呼の個人的所有物と見做《みな》せるものであった。特に副葬鏡は、弥生時代の遺跡の中では、質量ともに群を抜いている。したがって平原遺跡を考える場合、金印が出土しなかったことと、鏡などの副葬品が圧倒的な質と量をもって出土したという事実の方を重視すべきである。やはり平原遺跡は、卑弥呼の墓としての資格を十二分に備えた墓といえるのではなかろうか。

伊都国女王は現代の創作だ！

ところで、この平原遺跡を「伊都国女王の墓」と考える研究者が多くいる。そう考える大きな理由の一つに、副葬品（鏡・装身具）が日本一の質量を誇っているにもかかわらず、武器類が極端に少ないことがあげられている。

平原遺跡（1号墓）出土の武器類は、わずかに細身の鉄剣一口と短刀一本だけである。たしかに、これは尋常ではない。九州北部の弥生時代の首長クラスの墓の多くが、ふつう大量の鉄器類（武器・農機具など）を伴うのと比べて、平原は少なすぎる。

私も平原遺跡（1号墓）は、やはり女性（女王）の墓であったろうと考えている。

しかし、日本の文献にも中国の文献にも「伊都国女王」なる女性の存在を記すものは、ただの一遍もない。『三国志』や『後漢書』、『梁書』などの中国の文献が記す三世紀前後の倭国には、卑弥呼や壹与（臺与《とよ》）という女王がいたことは明記されていても、それ以外の女王の存在は一切記されていない。

其の国、本亦《もとまた》男子を以て王と為す。住《とど》まること七八十年。倭国乱れ、相攻伐すること歴年。乃ち、共に一女子を立て王と為す。名を卑弥呼と曰う。（「魏書」「倭人伝」）

復《また》、卑弥呼の宗女・臺与《とよ》を立てて、王と為す。其の後、復、男王を立て、並びて中国の爵名を受く。（『宋書』「倭伝」）

このように中国の記録には、「女王」卑弥呼や臺与（壹与）の存在は明記されているが、どこにも「伊都国女王」なる者の存在は記されていない。『宋書』には、臺与（壹与）の後を受けたのは「男王」だったとはっきり記している（尚、ここの臺与は、「倭人伝」では「壹与」と記す）。

したがって、三世紀頃の倭の女王とは、邪馬台国にいた卑弥呼、または臺与（壹与）の存在しかなく、「伊都国女王」は、影も形もないのである。

平原遺跡を考古学の立場から三世紀頃の「女王の墓」とするのは少しも構わないが、文献の裏付けもないのに、勝手に「伊都国女王」なるものを創作してよいのであろうか。現在の定説では、平原を含む前原市全域を「伊都国」と考えているので、その点やむを得ないのかもしれないが、「伊都国女王」は実体のない虚像の女王であり、現代の創作である。このままだと、平原遺跡は「架空の女王」の墓となりかねない。

平原遺跡を卑弥呼の時代の「女王の墓」というなら、その被葬者たる資格を持つのは、倭の女王・卑弥呼だけであるから、平原は伊都国の領域ではなく、邪馬台国の中にあったことになる。

私は、ここまで再三、糸島には伊都国と邪馬台国が共存していたと論じてきた。ここも、そう考えたとき、よく理解されるはずである。文献上では、「伊都国女王」の存在は確認できない。実在した女王は卑弥呼であり、平原遺跡は、その「親魏倭王」、あるいは「邪馬台国女王」卑弥呼の墓としてもっともふさわしいものである。

そして、その平原遺跡には、金印がなかった。この事実ですら、むしろ平原遺跡が卑弥呼の墓としての条件のひとつを備えていることにもなるのである。けっして卑弥呼の墓に、金印はあってはならないのだ。

しかし、いずれにせよ、その「親魏倭王」の金印は、いったいどういう運命を辿ったのであろうか。あの志賀の島の金印のように、またいつの日にか、その輝きを、私たちの前に見せてくれるときが来るのであろうか。いずれ夢は尽きないようである。

あとがき

邪馬台国は、糸島にあった。私は文献の立場から邪馬台国問題に取組み、ついに、この結論を得た。ここに至るまで、ずいぶん遠回りをしたような気もするが、結局、邪馬台国は、あるべき所にあったということではなかろうか。

従来の定説では、糸島は、そのすべてが「伊都国の地」と考えられてきた。しかし、糸島は、その程度の場所ではなかったのである。

よく考えてみると、この地がその資格をもつ必然性は元々あったと思う。

地理的には、大陸との交通の要衝にあり、日本の中で大陸の文化が真っ先に取り入れられた場所である。また、日本でもっとも弥生王墓が集中する地域、それがこの糸島でもあった。今後、糸島地域の全面的な発掘調査が実施されれば、自ずからそれは証明されるはずである。

そのためにも、糸島が伊都国だけだったという認識は、これからは改める必要があると思う。今後、仮に、この地域から何か重要な発掘や発見があったとしても、現状認識のままでは、そのすべてが「伊都国のもの」になってしまう。

本書で論証したように、糸島には、伊都国だけでなく、邪馬台国もあったのだ。今のままでは、日本国家発祥の地たる糸島の本当の価値が見失われることにもなりかねない。

私は、『三国志』という文献で、その存在が証明されている「邪馬台国」の所在は、まず文献によって確定しておく必要があると思う。邪馬台国問題は、本来文献の分野であり、文献を第一義にすべきであろう。

また、これだけ長きにわたり混迷をつづける「倭人伝」の謎を解明するためには、今は研究者個々の主観より、まず陳寿の主張を聞くことが最優先にされるべきである。

なぜ、陳寿が北狄と東夷だけを書くのか。また、なぜ、そこにふたつの序文があるのか。これだけをみても、そこに陳寿の外夷伝編纂への特別な意図を見出すことができる。

また、その外夷伝編纂後に「あとがき」を記し、それを、中国の将来を危惧しながら締めくくっている。ふたつの序文では、「北と東への備えのために記す」といい、あとがきでは、「北と東がこのままであるはずがない」と述べる。ここに、陳寿の『三国志』執筆時点での、北と東の異民族に対する現実的脅威と緊張感をみる思いがする。

そして、西暦三一六年、新興匈奴の中原侵略によって西晋王朝は滅亡し、陳寿の危惧は、現実のものとなったのである。それは、陳寿の死後、わずか十九年後のことであった。

『三国志』に特筆されたふたつの外夷伝は、北と東から中国を守らんがために、「防衛白書的意義」をもって記されていたのである。

私は、本書では、文献の立場から邪馬台国を「特定」することに全力を傾注した。

しかし、その結論を導くために、「倭人伝」を従《おもいのまま》に読み、何かしらの意図をもって、そこに「特定」したわけではない。そういうことをすれば、従来の方法論の域を脱却したものとはいえなくなってしまうからだ。私は、あくまでも作者の真意にそって、書かれている事実を根拠とし、より実証的に論じたつもりである。その結果が、「邪馬台国・糸島説」となった。そして、そこには、日本一の弥生の王墓である「平原遺跡」があったのである。

ここにはじめて、文献による邪馬台国の比定地が、考古の裏付けによって特定されたと思う。文献と考古が一致しなければ、本当の意味で邪馬台国を特定することはできない。糸島は、その双方を満たしただけではなく、その地理的条件としても申し分ない場所だった。結局、邪馬台国は、あるべき所にあったということではなかろうか。

邪馬台国を「特定」する。この意味を、おそらく、いま本書を読み終えた読者には、理解していただけたものと確信している。

日本の古代史には、まだまだ多くの謎がある。たとえば、奴国滅亡の謎、出雲王朝の謎、大和王朝成立の謎、空白の四世紀、等々、問題は山積し、また多方面にわたる。しかし、邪馬台国を糸島に「特定」したとき、私にはこれらの問題のいくつかは、解明の糸口が少し見えてきたように思う。次の機会には是非、そうした問題のいくつかについて、再び実証的立場から言及してみたいと考えている。

最後に、本書の「新・邪馬台国論」が、今後の日本の古代史学界において、新たなる議論の「たたき台」のひとつになることを心より祈念しつつ、一端、ここに筆を措く。

二〇〇一年六月

生野眞好

生野眞好（しょうの・まさよし）
1950年11月7日生まれ．1969年，大分県立大分商業高校卒業．同年4月，日立クレジット㈱（現・日立キャピタル）入社．1992年4月，退社．1994年5月，㈱フィールドリブ設立，現在に至る．九州古代史の会会員．著書に『「倭人伝」を読む』（海鳥社）がある．

陳寿《ちんじゅ》が記《しる》した邪馬台国《やまたいこく》
「倭人伝」を読むII

■

2001年7月25日　第1刷発行

■

著者　生野眞好
発行者　西　俊明
発行所　有限会社海鳥社
〒810-0074 福岡市中央区大手門3丁目6番13号
電話092(771)0132　FAX092(771)2546
印刷・製本　有限会社九州コンピュータ印刷
ISBN 4-87415-359-3
http://www.kaichosha-f.co.jp
［定価は表紙カバーに表示］